FRANZISKA SCHWEIGER

HAPPY BAKING

GLUTENFREI

FRANZISKA SCHWEIGER

HAPPY BAKING

GLUTENFREI

FOTOS: ANKE SCHÜTZ

DIE GU-QUALITÄTS-GARANTIE

Wir möchten Ihnen mit den Informationen und Anregungen in diesem Buch das Leben erleichtern und Sie inspirieren, Neues auszuprobieren. Bei jedem unserer Bücher achten wir auf Aktualität und stellen höchste Ansprüche an Inhalt, Optik und Ausstattung. Alle Rezepte und Informationen werden von unseren Autoren gewissenhaft erstellt und von unseren Redakteuren sorgfältig ausgewählt und mehrfach geprüft. Deshalb bieten wir Ihnen eine 100 %ige Qualitätsgarantie.

Darauf können Sie sich verlassen:
Wir legen Wert darauf, dass unsere Kochbücher zuverlässig und inspirierend zugleich sind.
Wir garantieren:

- dreifach getestete Rezepte
- sicheres Gelingen durch Schritt-für-Schritt-Anleitungen und viele nützliche Tipps
- eine authentische Rezept-Fotografie

Wir möchten für Sie immer besser werden:
Sollten wir mit diesem Buch Ihre Erwartungen nicht erfüllen, lassen Sie es uns bitte wissen! Wir tauschen Ihr Buch jederzeit gegen ein gleichwertiges zum gleichen oder ähnlichen Thema um. Nehmen Sie einfach Kontakt zu unserem Leserservice auf. Die Kontaktdaten unseres Leserservice finden Sie am Ende dieses Buches.

GRÄFE UND UNZER VERLAG
Der erste Ratgeberverlag – seit 1722.

KV

Inhalt

6 Vorwort
8 Don't worry, bake happy!
10 Glutenfreies Backen – diese Fragen habe ich noch
12 Ich mahl' mir die Welt … wie sie mir gefällt
14 Minis mit Maxi-Effekt – Nüsse & Samen
16 Grundrezepte

24
BROT & BRÖTCHEN

Knusprige Stangerl und saftige Brote – so fängt unser Tag richtig klasse an! Und macht Lust auf Neues: zum Beispiel auf Sauerteigbrot mit Teffmehl und Brötchen aus Milchreis.

46
MIT SCHOKO & NÜSSEN

So cremig, so crunchy: Schokogugelhupf mit Feigen, Schokokuchen mit Banane oder samtiger Mandelkuchen – ohne Gluten zeigen viele Kuchen erst so richtig, was sie können!

66
MIT BEEREN & OBST

Blaubeeren, Himbeeren, Äpfel – wann seid ihr endlich reif? Der Hefeteig mit Cashews, die Tarte mit Ricotta und der Sandkuchen mit den Schokosplittern warten schon auf euch!

90
KLEIN & FEIN

Amarant und Chiasamen, Kokos, Minze und Orange: Jetzt zeigen die kleinen Naschereien, was alles in ihnen steckt! Zum Beispiel crispy Superfoods und köstliche Gewürze …

114
TORTENFEST

Vorhang auf für Mandeltorte, Walnusstorte und Orangen-Schokomousse-Torte. Mit viel Geschmack und noch mehr Glamour legen sie einen formvollendeten Auftritt hin!

124 Geschenk im Glas – Mandelwürfel mit Cranberrys
126 Register
128 Impressum

NIMM DAS GLÜCK
IN DIE HAND!

Ich weiß noch gut, wie ich mich fühlte, als ich meinen ersten glutenfreien Kuchen aus dem Ofen zog. In diesem Moment ging es mir nach langer Zeit nicht nur wieder besser, sondern ich fühlte mich wie befreit. Ich liebe selbst gebackene Kuchen, Brot und Plätzchen über alles. Doch meine Gluten-Sensitivität begann zu einer Zeit, als es noch kaum Alternativen gab: Rezepte für glutenfreies Gebäck oder glutenfreie Mehle? Mangelware! Kaum zu glauben, aber das ist erst ein paar Jahre her. Ich fühlte mich damals ziemlich außen vor, wenn ich mit meiner Familie und meinen Freunden zusammen war und sie in Sachertorte, Sonntagsbrötchen und Weihnachtsplätzchen schwelgten.

Glücklicherweise komme ich aus einer backbegeisterten Familie und trage auch das Back-Gen in mir. Das stachelte meine Experimentierfreude an! Ich wollte wieder das Glücksgefühl spüren, in ein frisch gebackenes Brötchen zu beißen und eine ofenwarme Tarte anzuschneiden. Also nahm ich das Glück selbst in die Hand. Und merkte: In der Herausforderung liegt eine Riesenchance! Ohne Gluten-Sensitivität hätte ich wohl nie erfahren, welch tolle Geschmackserlebnisse Mehl aus Reis oder Hülsenfrüchten schenkt, wie locker ein Teig mit Kartoffeln wird und wie angenehm mürbe er mit Maismehl gelingt. Glutenfreie Kuchen, Brot und Plätzchen sind echte Persönlichkeiten: Sie haben einen wunderbaren Eigengeschmack.

Genau das macht für mich den Charme des Selbstgebackenen aus, denn jedes Brot und jede Torte, die ich mit meinen eigenen Händen kreiere, ist ein Stück Persönlichkeit. Nach einigen Jahren strikten Verzichts auf Gluten hat sich meine Glutensensitivität so gebessert, dass ich mittlerweile auch wieder normales Gebäck genießen kann. Dennoch backe ich weiterhin ganz selbstverständlich und mit Freude glutenfrei. Weil Kuchen mit Charakter mich einfach glücklich macht!

Herzlich, Ihre

DON'T WORRY,
BAKE HAPPY!

Ohne Gluten ist Backen zwar ein bisschen anders. Macht aber genauso glücklich. Vor allem, weil wir Neues dabei kennenlernen: neue Zutaten, neue Geschmackserlebnisse. Wenn uns das mal nicht neugierig macht!

GLÜCKLICHE VERBINDUNG

Happy Baking ist mein Backbuch für alle, die weniger Gluten zu sich nehmen möchten. Manche entscheiden sich dafür, weil sie Gluten nicht oder nicht (mehr) so gut vertragen, viele aber auch, weil sie festgestellt haben, dass weniger Gluten oft einfach mehr bedeutet: mehr Geschmack und mehr Genuss! Das »Mehr« zeigt sich auch an den Rezepten: Sie enthalten Zutaten, die wir von herkömmlichen Backrezepten nicht kennen, wie etwa Apfelfasern, Chiasamen, Flohsamenschalen, Leinsamen oder Teffmehl. Diese Zutaten sind beim Backen vor allem deshalb so wertvoll, weil sie bestimmte Eigenschaften des Glutens übernehmen können, zum Beispiel den Teig leicht quellen zu lassen oder zu binden.

OHNE GLUTEN ...

... bedeutet: ohne Weizen, Dinkel, Roggen, Hafer, Gerste, Grünkern oder Urkornarten wie Kamut® und Einkorn. In allen diesen Getreidesorten steckt Gluten. Umgangssprachlich nennen wir Gluten »Klebereiweiß« und geben damit vereinfacht, aber auch recht anschaulich wieder, worum es sich dabei handelt: um Proteine, die in bestimmten Getreidesorten und dem daraus gewonnenen Mehl enthalten sind. Sie sorgen für die Verbindung und den Zusammenhalt der Zutaten im Teig, machen ihn geschmeidig, elastisch und formbar, halten ihn nach dem Backen in Form und stabilisieren ihn. Backtechnisch nennt man das: dem Teig ein Gerüst geben. Gluten-Proteine sind quell- und gelierfähig; sie können Wasser binden und dafür sorgen, dass sich Fett und Wasser gut verbinden. Und sie sind Träger für Aromen.

SCHÖN SAFTIG

Manche glutenfreien Zutaten haben mehrere Back-Talente: Sie helfen, den Teig elastisch oder das fertige Gebäck schön saftig zu halten. Milchreis oder gekochte Kartoffeln zum Beispiel sorgen für eine prima Bindung, reife Bananen dank ihres Stärkegehalts auch. Bei Brot bringt Gemüse viel Geschmack und hält das Brot saftig. Wegen der höheren Feuchtigkeit im Teig sind glutenfreie Brote dann nicht so gut haltbar wie glutenhaltige. Deshalb bewahre ich sie immer im Kühlschrank auf.

FEIN BEMESSEN

Ich backe auch deshalb so gern glutenfrei, weil es mir neue Geschmackswelten eröffnet. Würde ich einfach nur eine handelsübliche glutenfreie Mehlersatzmischung kaufen und alle Backrezepte damit 1 : 1 umsetzen, würde ich das Potential, das in glutenfreien Zutaten steckt, nicht ausschöpfen. Bei manchen Teigen, wie etwa Hefeteig, eignet sich eine fertige glutenfreie Mehlersatzmischung hervorragend. Aber in der Regel stelle ich mir meine glutenfreien Mehlsorten individuell zusammen – und zaubere damit herrliches Gebäck voll Duft und Geschmack. Und schließlich sind beim glutenfreien Backen genaue Mengenangaben wichtig. Bei meinen Brotrezepten zum Beispiel ist die exakte Menge Salz ausschlaggebend für den harmonischen Geschmack. Für Happy Baking empfehle ich daher eine Digitalwaage!

GLUTENFREIES BACKEN – DIESE FRAGEN HABE ICH NOCH

Ob mit oder ohne Gluten: Backen ist grundsätzlich nicht schwer. Aber natürlich hilft dabei der eine oder andere Trick. Und mit ein bisschen Gewusst-wie! kriegen Sie auch glutenfreie Teige ganz leicht gebacken.

WARUM BRÄUNT MEIN GEBÄCK IM OFEN NICHT SO SCHÖN?

Glutenfreie Mehle haben grundsätzlich andere Eigenschaften als glutenhaltige. Deshalb verhalten sie sich beim Backen auch anders als herkömmliches Gebäck. Das merkt man unter anderem daran, dass Teig aus glutenfreiem Mehl beim Backen eher hell bleibt. Aber man kann etwas gegensteuern: zum Beispiel mit dunklen Backformen aus Schwarzblech – sie verleihen dem Teig ein gleichmäßig leicht gebräuntes Aussehen. Mit Weißblechformen funktioniert das nicht so gut.

WARUM LÄSST SICH MEIN GEBÄCK NICHT SO GUT IN FORM BRINGEN?

Gluten macht den Teig elastisch und formbar. Ohne Gluten fehlt diese Stabilität. Es ist daher normal, dass glutenfreier Mürbeteig bröselt und glutenfreier Hefeteig sich nicht formen lässt. In Kuchenformen oder Tassen gebacken, wird daraus aber ein tolles Gebäck! Für Mürbeteig gilt: Je kälter der Teig, desto leichter lässt er sich formen. Zum Ausrollen sollte er daher immer kühl sein!

WARUM GEHT MEIN HEFETEIG NICHT RICHTIG AUF?

Das kann verschiedene Gründe haben. Am besten verwenden Sie immer Frischhefe (dabei aufs Haltbarkeitsdatum achten). Beim Ansetzen des Teigs müssen alle Zutaten (auch die Hefe) Zimmertemperatur haben. Wichtig ist das Kneten: Es macht den Teig geschmeidig und sollte nicht zu kurz (aber auch nicht zu lange) dauern. Glutenfreier Hefeteig muss immer mindestens auf das doppelte Volumen aufgehen. Faustregel: Je fetthaltiger der Teig, desto länger braucht er. Die Zeit sollte man ihm geben, damit die Hefe ihn schön auflockern kann!

WIESO KOMMEN BEI MANCHEN REZEPTEN SO VIELE ZUTATEN VOR?

Die Kombi macht's! Sie ist für meine Rezepte bewusst entwickelt und erprobt – und sollte unbedingt beibehalten werden! Jede Zutat und jedes glutenfreie Mehl trägt etwas zum besonderen Geschmack – und ja: zur Seele des Gebäcks bei. Daher bitte nicht einfach die angegebenen verschiedenen Mehlsorten durch die gleiche Menge einer einzigen glutenfreien Mehlsorte ersetzen!

ICH MAHL' MIR DIE WELT ...
... WIE SIE MIR GEFÄLLT

Mal eben Müllermeisterin sein und aus Getreide und Hülsenfrüchten Mehl selbst machen – kinderleicht! Aber natürlich gibt's die neuen glutenfreien Mehle auch im Handel zu entdecken.

VOLLKORNREISMEHL

Wird aus vollem Reiskorn gemahlen. Sein feines, dezentes Getreidearoma passt wunderbar zu süßem und herzhaftem Gebäck.

SELBST MAHLEN UND SCHROTEN

Je frischer, desto besser! Ich mahle und schrote meine Mehle am liebsten selbst, weil ich dann den Feinheitsgrad bestimmen kann. Das Mehl ist außerdem top-frisch, was gerade bei kleinen Mengen wichtig ist. Manche Mehlsorten, zum Beispiel aus Chiasamen, verwende ich nur selten. Auch da stelle ich die Menge, die ich benötige, aus den Samen einfach schnell selbst her. Bewahren Sie alle Getreide, Mehle und Nüsse immer kühl und dunkel auf, sonst können sie leicht von Motten befallen werden.
Wichtig vor allem für Saaten: Wenn Sie mit einem Blitzhacker mahlen wollen, muss der ausreichend Power bringen und leistungsstark sein! Eine gute Alternative ist immer noch die gute alte Nussmühle mit Handkurbel.

ROTE LINSEN

Kann man als Mehl fertig kaufen. Sieht toll aus und passt gut zu herzhaftem Gebäck mit würziger Note wie dem Hirse-Amarant-Brot.

BUCHWEIZEN

Schmeckt unvergleichlich nussig und hat eine angenehm kräftige Farbe. Prima für würzige Brotteige und kräftiges Gebäck.

KARTOFFELMEHL

Mal gemahlen, mal im Ganzen: Als Stärkemehl machen Kartoffeln den Teig pudrig und weich. Gekocht und gepresst geben sie ihm Saftigkeit.

MAIS

Maisstärke ist die haushaltsübliche Speisestärke (z. B. Mondamin). Daneben nehme ich auch Maismehl und -grieß (Polenta) zum Backen.

MINIS MIT MAXI-EFFEKT –
NÜSSE & SAMEN

Mandel, Nuss und Walnusskern – ohne die knackigen Powerteilchen wäre Gebäck nur halb so verführerisch. Was viele aber nicht wissen: Sie eignen sich auch als Mehl. Und bringen viel Geschmack in den Teig.

FLOHSAMEN

Die Samen einer Wegerich-Art gibt es bereits fertig gemahlen zu kaufen. Sie binden Feuchtigkeit im Teig und geben Volumen.

NÜSSE UND MANDELN RÖSTEN

Nüsse und Mandeln schmecken noch aromatischer, wenn man sie röstet, bevor sie in den Teig kommen. Ich mache das entweder in einer beschichteten Pfanne ohne Zugabe von Fett. Oder ich verteile die Nüsse auf einem Backblech und schiebe sie in den auf ca. 160° (Umluft) vorgeheizten Backofen. In beiden Fällen gilt: Sobald die Nüsse duften, sind sie fertig, im Ofen dauert das ca. 8 Min. Dann lasse ich sie abkühlen und mahle sie anschließend in der Nussmühle, im Blitzhacker – oder hacke sie von Hand.
Natürlich können Sie genauso gut bereits gemahlene oder gehackte Nüsse rösten. Dann aber am besten die Pfanne verwenden – so hat man den Bräunungsgrad besser im Blick als im Backofen.

HASELNUSSKERNE

Sollten möglichst frisch sein. Deshalb immer im Ganzen kaufen! Und bei Bedarf im Blitzhacker oder mit dem Messer hacken.

MANDELMEHL

So heißen gemahlene geschälte oder blanchierte Mandeln. Früher hat man viel damit gebacken, jetzt liegt der Allrounder wieder im Trend.

WALNUSSKERNE

Sind geschmacklich eine Doppelbegabung und harmonieren mit Süßem und Würzigem. Wichtig: Immer kühl und trocken lagern!

LEINSAMEN

Sind ein wichtiges Bindemittel für glutenfreies Backen. Sie machen den Teig geschmeidig. Gibt's geschrotet im Handel!

DAS KNUSPERSTÜCK:
GLUTENFREIER MÜRBETEIG

Mürbeteig ist einer meiner Lieblinge! Ich mag es gern, wenn der Teig ein bisschen knuspert und bröselt. Ohne Gluten geht das sogar noch besser. Deshalb werden alle großen und kleinen Krümelmonster diesen Teig lieben!

100 g Zucker | Salz
100 g Vollkornreismehl
100 g Maismehl
90 g Maisstärke
1 EL Johannisbrotkernmehl (ca. 10 g)
1 geh. EL gemahlene Flohsamenschalen (ca. 10 g)
1 TL glutenfreies Backpulver (ca. 5 g)
1 gut gekühltes Ei (Größe M)
170 g weiche Butter
30 ml Eiswasser
Butter für die Form
Maismehl für die Form und zum Arbeiten

Für 1 Spring- oder Tarteform (ca. 30 cm Ø) oder 8 Tortelett-Förmchen (ca. 10 cm Ø)
Zubereitung: ca. 15 Min.
Kühlen: 1 – 2 Std.
Backen: ca. 45 bzw. 20 Min.

Alle Zutaten gekühlt verarbeiten. Zucker, 1 Prise Salz, Reismehl, Maismehl und Maisstärke in einer Schüssel mit Johannisbrotkernmehl, Flohsamen und Backpulver mischen und auf die Arbeitsfläche häufen.

In die Mitte der Trockenmischung eine Mulde drücken und das Ei hineingeben. Butter in Flöckchen rundherum auf dem Mehlrand verteilen (Bild oben). Das Eiswasser dazugeben und alle Zutaten rasch zu einem Mürbeteig kneten (Bild Mitte). Falls der Teig zu weich ist, noch etwas Reismehl unterkneten. Den Teig zu einer Platte formen, in Frischhaltefolie wickeln und 1 – 2 Std. kühl stellen. (Alternativ die Form sofort mit dem Teig auslegen und dann kühl stellen.)

Den Backofen auf 185° (Umluft) vorheizen. Die Form bzw. die Förmchen mit Butter fetten und mit Maismehl ausstreuen. Den Teig 5 – 7 mm dick auf wenig Maismehl zu einem Kreis (ca. 32 bzw. 14 cm Ø) ausrollen und die Form bzw. die Förmchen damit auslegen, dabei einen Rand formen (Bild unten).

Den jeweiligen Belag auf den Boden bzw. die Böden füllen und den Kuchen bzw. die Torteletts im Ofen ca. 45 Min. bzw. 20 Min. backen. Herausnehmen und in der Form auf einem Kuchengitter abkühlen lassen.

GUT ZU WISSEN

Je kälter die Zutaten, desto leichter bindet der glutenfreie Mürbeteig. Dann lässt er sich besser verarbeiten. Deshalb knete ich den Teig immer rasch und kühle ihn nochmals! So ist er beim Ausrollen nicht so bröselig.

DER ALLROUNDER:
GLUTENFREIER RÜHRTEIG

Die Trumpfkarte unter den Kuchenteigen, die sich bei jeder Gelegenheit spielen lässt und sogar Konditoreirezepte sticht. Dieser Rührkuchen hat nämlich eine wunderbar pudrige Konsistenz – und lässt sich super variieren!

125 g weiche Butter
125 g Rohrzucker
abgeriebene Schale von
1 Bio-Orange
ausgekratztes Mark von
¼ Vanilleschote
Salz
2 Eier und 1 Eigelb (Größe M)
40 g Kokosmehl
60 g Maismehl
50 g Vollkornreismehl
½ TL Johannisbrot-
kernmehl (ca. 2 ½ g)
½ TL glutenfreies
Backpulver (ca. 2 ½ g)
40 ml lauwarmer Orangensaft
Butter und Maismehl für die Form

**Für 1 Kastenform (ca. 25 cm)
oder Springform (ca. 20 cm Ø)
Zubereitung: ca. 25 Min.
Backen: ca. 50 Min.**

Am Vortag den Backofen auf 200° (Ober- und Unterhitze) vorheizen. Die Form mit Butter fetten und mit Maismehl ausstreuen.

Zuerst die weiche Butter mit Zucker, Orangenschale, Vanillemark und 1 Prise Salz mit den Quirlen der Küchenmaschine oder des Handrührgeräts schaumig aufschlagen (Bild oben). Die Eier und das Eigelb einzeln dazugeben und jeweils gründlich unterrühren (Bild Mitte).

Die drei Mehlsorten mit dem Johannisbrotkernmehl und dem Backpulver in eine Schüssel sieben und unter die Buttermasse rühren. Gleichzeitig den lauwarmen Orangensaft unterrühren – er macht die Masse etwas weicher und flaumiger.

Den Teig in die Form füllen (Bild unten) und im Ofen (Mitte) ca. 10 Min. vorbacken. Dann die Backofentemperatur auf 160° reduzieren. Den Kuchen herausnehmen, oben der Länge nach einschneiden und in ca. 40 Min. fertig backen. Aus dem Ofen nehmen und kurz abkühlen lassen, dann aus der Form lösen und auf einem Kuchengitter vollständig abkühlen lassen. (Alternativ aus dem Teig 12 Muffins bei gleicher Temperatur 15 – 17 Min. backen.)

EINFACH CLEVER

Das ist ein tolles Rezept für kreative Ideen! Je nach Lust und Laune verfeinere ich den Teig auch mal mit Kokosraspeln oder Kirschwasser. Oder ich schneide den fertigen Kuchen einmal waagerecht durch und fülle ihn mit Preiselbeerkonfitüre – je nachdem, worauf ich gerade Appetit habe!

DER SAFTIGE:
GLUTENFREIER HEFETEIG

Fluffiger Hefekuchen ist mit diesem Rezept keine Hexerei! Weil sich hier nämlich Gegensätze anziehen, und der flüssige Teig durch das Backen herrlich luftig und duftig wird. Das Ergebnis? Schmeckt einfach zauberhaft!

240 g lauwarme Milch
100 g Zucker
30 g Hefe
1 Ei (Größe M)
30 g weiche Butter
250 g glutenfreies Mehl (z. B. von Schär)
1 TL gemahlene Flohsamenschalen (ca. 4 g)
¼ TL Zimtpulver
Salz
abgeriebene Schale von ½ Bio-Zitrone
100 g Trockenfrüchte (z. B. Rosinen, Cranberrys oder Mangostreifen) und 80 g geröstete Nüsse oder Mandelblättchen (nach Belieben)
Butter und glutenfreies Mehl für die Form

Für 1 Gugelhupf- oder Kranzform (ca. 28 cm Ø)
Zubereitung: ca. 20 Min.
Gehen: ca. 1 Std. 20 Min.
Backen: ca. 40 Min.

Die Form mit Butter fetten und mit Mehl ausstreuen. Die lauwarme Milch mit dem Zucker in einer Schüssel mischen und die Hefe darin auflösen (Bild oben). Dann das Ei und die Butter dazugeben.

Das Mehl mit Flohsamen, Zimt, 1 Prise Salz und Zitronenschale in einer weiteren Schüssel mischen. Die Hefemischung zur Trockenmischung geben (Bild Mitte) und alles glatt verrühren. Den feuchten, fast flüssigen Hefeteig an einem warmen Ort zugedeckt mind. 40 Min. gehen lassen (Bild unten).

Den Teig nochmals durchrühren, in die Form füllen und zugedeckt weitere 30 – 40 Min. gehen lassen. Inzwischen den Backofen auf 175° (Umluft) vorheizen.

Sobald der Hefeteig an Volumen gewonnen hat, den Kuchen im Ofen 35 – 40 Min. backen. Aus dem Ofen nehmen und kurz abkühlen lassen, dann aus der Form lösen und auf einem Kuchengitter vollständig abkühlen lassen.

Nach Belieben können Sie noch getrocknete, in Würfel geschnittene Früchte und geröstete, grob gehackte Nüsse vor dem letzten Gehen unter den Hefeteig rühren. Oder den Hefeteig vor dem Backen mit Mandelblättchen bestreuen.

GUT ZU WISSEN

Das ist einer der wenigen Teige, bei dem ich auf ein glutenfreies Fertigmehl zurückgreife. Im Vergleich zu herkömmlichem Hefeteig ist der glutenfreie recht flüssig, er eignet sich deshalb ganz prima für das Backen in der Form. Von Hand formen geht nicht so gut, daher würde ich aus dem Teig auch keinen Hefezopf bereiten.

DIE LOCKERLEICHTE:
GLUTENFREIE BISKUITMASSE

Dieser Biskuit ist unvergleichlich locker und ein echter Alleskönner! Und weil er so leicht ist, verträgt er sich prima mit süßen Verführern wie etwa Früchten und Sahne. Und mein Tiramisu? Mache ich am liebsten nur damit.

4 Eier (Größe M, für 120 g Eiweiß und 80 g Eigelb)
105 g Zucker
2 EL Vanillezucker
abgeriebene Schale von 1 Bio-Zitrone
Salz
50 g Maisstärke
50 g Vollkornreismehl
2 Msp. glutenfreies Backpulver (ca. 1 g)
Butter und Vollkornreismehl für die Form

Für 1 Springform (ca. 26 cm Ø)
Zubereitung: ca. 20 Min.
Backen: ca. 30 Min.

Den Backofen auf 250° (Umluft) vorheizen. Den Boden der Form mit Butter fetten und mit Reismehl ausstreuen oder mit Backpapier auslegen. Die Eier sauber trennen (Bild oben). Dabei darauf achten, dass die Rührschüssel für das Eiweiß fettfrei ist – nur so erhalten Sie einen stabilen Eischnee!

Die Eigelbe mit 75 g Zucker, Vanillezucker, Zitronenschale und 1 Prise Salz mit den Quirlen des Handrührgeräts cremig und hellschaumig aufschlagen (Bild Mitte). Die Quirle gründlich säubern und damit die Eiweiße mit dem übrigen Zucker steif schlagen.

Maisstärke, Reismehl und Backpulver in eine Schüssel sieben. Den Eischnee auf die Eigelbmasse setzen und die Mehlmischung darüberstreuen (Bild unten). Alles mit einem Teigspatel vorsichtig unterheben.

Die Biskuitmasse in die Form füllen. Die Backofentemperatur auf 200° (Umluft) reduzieren und den Biskuit im Ofen ca. 10 Min. vorbacken. Dann die Temperatur auf 160° (Umluft) reduzieren und den Biskuit in ca. 20 Min. fertig backen. Den Biskuit aus dem Ofen nehmen und in der Form abkühlen lassen. (Alternativ für eine Biskuitroulade auf einem Backblech eine Biskuitplatte von ca. 30 × 40 cm bei 190° Umluft 10 – 12 Min. backen.)

EINFACH CLEVER

Innen fluffig, außen knusprig – so mag ich Biskuit am liebsten! Damit das perfekt gelingt, muss der Ofen gut vorgeheizt sein (am besten auf 250°), wenn man die Masse hineinschiebt. Denn von der Hitze geht etwas verloren, sobald man die Ofentür öffnet. Ist der Kuchen im Backofen, sollte die Temperatur dann aber reduziert werden.

BROT & BRÖTCHEN

Gutes Brot macht glücklich! Aber was macht eigentlich Brote froh? Brauchen die nicht auch mal Abwechslung? Zum Beispiel Gemüse oder Nüsse im Teig? Keine Frage: In netter Gesellschaft läuft Brotteig zur Hochform auf!

PETERSILIENWURZELBROT
MIT KRÄUTERÖL

Mein Ich-mach's-mir-einfach-Rezept. Es benötigt zwar etwas Zeit, aber dann hat man ein Brot, das so würzig schmeckt, dass man eigentlich gar keinen Belag mehr braucht. Deshalb ist es einer meiner Lieblingssnacks!

Für das Kräuteröl:
3 Zweige Petersilie
40 ml Olivenöl

Für den Teig:
½ Würfel Hefe (ca. 24 g)
2 TL Zucker (ca. 10 g)
130 ml lauwarme Milch
250 g Maismehl
3 – 4 Petersilienwurzeln (ca. 170 g)
50 g Kartoffelmehl
Salz
2 TL gemahlene Flohsamenschalen (ca. 8 g)
abgeriebene Schale von 1 Bio-Zitrone
3 Eier (Größe M)
100 g Quark

Für 1 Kastenform (ca. 25 cm)
Zubereitung: ca. 30 Min.
Gehen: ca. 1 Std.
Backen: ca. 40 Min.

Für das Kräuteröl die Petersilie waschen und trocken tupfen, die Blätter abzupfen und im Mörser mit dem Olivenöl fein mahlen.

Für den Teig Hefe und Zucker in der Milch auflösen. Das Maismehl in eine Schüssel geben und eine Mulde hineindrücken. Die Hefemilch hineingeben und mit etwas Maismehl verrühren. Den Vorteig an einem warmen Ort zugedeckt ca. 20 Min. gehen lassen.

Inzwischen die Form mit Backpapier auslegen. Die Petersilienwurzeln waschen (nicht schälen!) und fein raspeln, 150 g davon abmessen. Das Kartoffelmehl mit knapp 2 ½ TL Salz (ca. 12 g), Flohsamen und Zitronenschale zum Vorteig geben und gut unterrühren. Dann Eier und Quark dazugeben, zuletzt Kräuteröl und Petersilienwurzeln hinzufügen. Alles zu einem feuchten Hefeteig verrühren.

Den Teig in die Form füllen und mit einem feuchten Küchentuch zugedeckt mind. 30 – 40 Min. gehen lassen. Inzwischen den Backofen auf 175° (Umluft) vorheizen. Das Brot im Ofen (Mitte) 35 – 40 Min. backen. Aus dem Ofen nehmen und abkühlen lassen. Zum Servieren aus der Form lösen und in Scheiben schneiden. Das Petersilienwurzelbrot hält sich im Kühlschrank mind. 10 Tage.

Easy baking

Ich wasche die Petersilienwurzeln mit der Gemüsebürste und raspele sie mit Schale. Das bringt mehr Geschmack!

KÜRBISKERNBROT
MIT KÜMMEL UND KORIANDER

Kürbis trifft Kümmel und Koriander: Hier geht die K-Frage klar unentschieden aus! Weil sich die Zutaten perfekt ergänzen und zusammen ein unschlagbares Trio ergeben: würzig und voller Geschmack. Ein Brot für alle, die's kräftig mögen.

100 g Vollkornreismehl
½ Würfel Hefe (ca. 21 g)
2 EL Zucker (ca. 20 g)
3 EL Kürbiskernöl
je 1 EL Kümmelsamen und Korianderkörner
300 g Kürbiskerne
100 g Braunhirsemehl
50 g geschroteter Leinsamen
2 TL Johannisbrotkernmehl (ca. 10 g)
2 Eier (Größe M)
Salz
60 g weiche Butter

Für 1 Kastenform (ca. 25 cm)
Zubereitung: ca. 20 Min.
Gehen: ca. 1 Std.
Backen: ca. 40 Min.

Für den Vorteig in einer Rührschüssel 300 ml lauwarmes Wasser mit 20 g Reismehl, Hefe, Zucker und Öl verrühren und an einem warmen Ort zugedeckt ca. 30 Min. gehen lassen.

Inzwischen die Form mit Backpapier auslegen. Kümmel und Koriander im Mörser grob zerstoßen. Die Kürbiskerne in einer Nussmühle oder im Blitzhacker fein mahlen (siehe Tipp).

Das übrige Reismehl und das Braunhirsemehl mit gemahlenen Kürbiskernen, Leinsamen, Johannisbrotkernmehl und Gewürzen mischen. Den Vorteig, die Eier, knapp 3 TL Salz (ca. 14 g) und die Butter dazugeben und alles zu einem feuchten, fast flüssigen Teig verrühren. Den Teig in die Form füllen und zugedeckt ca. 30 Min. gehen lassen. Währenddessen den Backofen auf 175° (Umluft) vorheizen.

Das Brot im Ofen ca. 30 Min. vorbacken. Dann die Backofentemperatur auf 190° (Umluft) erhöhen und das Brot in ca. 10 Min. fertig backen. Aus dem Ofen nehmen und abkühlen lassen. Zum Servieren aus der Form lösen und in Scheiben schneiden.

Einfach clever

Wer die Kürbiskerne für das Brot nicht selbst mahlen möchte, kann ruhig auf fertig gemahlene Kürbiskerne zurückgreifen! Man bekommt sie als Kürbiskernmehl im Handel.

MEHRKORNSTANGERL
MIT KÖRNER-TOPPING

Knusperknabberknäuschen: Diese Stangerl sind einfach zum Reinbeißen! Und der perfekte Powersnack für Zwischendurch. Ob in der Schule, im Büro oder unterwegs: Das gesunde Körner-Topping sorgt dafür, dass wir geistig topfit sind.

150 g Maismehl
100 g Vollkornreismehl
100 g Braunhirsemehl
30 g Backmalz
150 g geschroteter Leinsamen
1 ¼ TL gemahlene Flohsamenschalen (ca. 5 g)
170 ml lauwarme Milch
½ Würfel Hefe (ca. 21 g)
2 TL Zucker (ca. 10 g)
je ca. 50 g Leinsamen, Kürbis- und Sonnenblumenkerne
3 Eier (Größe M)
Salz
50 ml Olivenöl
Maismehl zum Arbeiten

Für 8 Stangen (à ca. 20 cm)
Zubereitung: ca. 20 Min.
Gehen: ca. 1 Std.
Backen: ca. 15 Min.

Für den Vorteig das Maismehl mit Reis- und Braunhirsemehl, Backmalz, Leinsamen und Flohsamen in einer Schüssel mischen und in die Mitte eine Mulde drücken. Wenig Mehlmischung mit der lauwarmen Milch, 130 ml lauwarmem Wasser, Hefe und Zucker verrühren und alles an einem warmen Ort zugedeckt ca. 30 Min. gehen lassen.

Inzwischen die Körner zum Bestreuen in einer Schüssel mischen. Zwei Backbleche mit Backpapier oder Backmatten auslegen. Nach dem Gehen Eier, 3 ½ TL Salz (ca. 18 g) und Öl zum Mehl mit Vorteig geben und alles zu einem weichen Teig verrühren.

Den Teig in acht Portionen teilen und jede Portion auf der mit Maismehl bestreuten Arbeitsfläche zu einer ca. 20 cm langen Rolle formen. Mit ausreichend Abstand zueinander auf die Bleche setzen und mit der Körnermischung bestreuen.

Mit einem feuchten Küchentuch zugedeckt (beispielsweise im auf max. 50° vorgeheizten Backofen) ca. 30 Min. gehen lassen, das Volumen der Stangerl sollte sich dabei verdoppeln. Inzwischen den Backofen auf 175° (Umluft) vorheizen. Das Küchentuch entfernen und die Stangerl im Ofen ca. 15 Min. backen. Aus dem Ofen nehmen und abkühlen lassen.

Easy baking

Wer mag, gibt zur Körndlmischung noch geriebenen Käse, zum Beispiel Emmentaler, oder feine Speckwürfel dazu!

KARTOFFELBROT
MIT PARMESAN

Das ist ein Klassiker, der in meinem Brotkorb nicht ausgehen darf. Locker, fluffig und mit seiner Parmesannote der ideale Begleiter zu mediterranen Gerichten wie sonnigen Antipasti. Mein Dolce Vita für jeden Tag!

600 g mehligkochende Kartoffeln (ergibt ca. 550 g gekocht)
Salz
2 Eier (Größe M)
1 Würfel Hefe (ca. 42 g)
50 g Butter
2 TL Zucker (ca. 10 g)
250 ml lauwarme Milch
500 g Maismehl
100 g Kartoffelmehl
1 ½ TL gemahlene Flohsamenschalen (ca. 6 g)
100 g geriebener Parmesan

Für 2 Kastenformen (à ca. 20 cm)
Zubereitung: ca. 50 Min.
Gehen: ca. 1 Std.
Backen: ca. 1 Std.

Die Kartoffeln mit Schale in kochendem Salzwasser garen. Abgießen, kurz ausdampfen lassen und pellen. Noch heiß durch die Kartoffelpresse drücken. Heißen Kartoffelschnee mit 4 ½ TL Salz (ca. 22,5 g) und den Eiern mit den Quirlen des Handrührgeräts oder der Küchenmaschine in 5 – 6 Min. kalt schlagen. Hefe, Butter und Zucker in der lauwarmen Milch auflösen.

Maismehl, Kartoffelmehl, Flohsamen und Parmesan mischen und zur Kartoffelmasse geben. 380 ml Wasser und die Hefemilch zugießen, alles gut verrühren und an einem warmen Ort zugedeckt ca. 30 Min. gehen lassen. Die Formen mit Backpapier auslegen.

Danach die Masse kurz verrühren, die Formen bis zur halben Höhe damit befüllen und nochmals ca. 30 Min. gehen lassen. Währenddessen den Backofen auf 210° (Umluft) vorheizen. Die Brote vorsichtig einschieben und im Ofen ca. 20 Min. vorbacken. Dann die Backofentemperatur auf 180° (Umluft) reduzieren und die Brote noch ca. 20 Min. backen.

Die Brote herausnehmen und auf das Ofengitter stürzen, dabei den Ofen nicht ausschalten. Die Brote ohne Form im Ofen in ca. 20 Min. fertig backen. Dann aus dem Ofen nehmen und abkühlen lassen. Zum Servieren in Scheiben schneiden.

Easy baking

Dieser Kartoffelkuchen geht beim Backen wie ein Käsekuchen auf und fällt beim Abkühlen wieder etwas ein.

SCHOKOLADENKUCHEN
GANZ KLASSISCH

Für einen richtig guten Schokoladenkuchen kommt es gar nicht so sehr auf die Mehlsorte an, sondern auf die Qualität der Schokolade. Daher ist Zartbitter immer meine erste Wahl. Und je dunkler der Kakao, desto mehr Wow!

220 g Zartbitterkuvertüre (mind. 60 % Kakaoanteil)
200 g weiche Butter
190 g Puderzucker
Salz
4 Eier (Größe L)
70 g Maismehl
70 g Maisstärke
2 TL Johannisbrotkernmehl (ca. 10 g)
80 g gemahlene geschälte Mandeln (Mandelmehl)
2 TL glutenfreies Backpulver (ca. 10 g)
2 TL gemahlene Flohsamenschalen (ca. 8 g)
40 g Kakaopulver
100 ml Milch
Butter und Maismehl für die Form

Für 1 große Rehrücken- oder Kastenform (ca. 26 cm)
Zubereitung: ca. 30 Min.
Backen: ca. 50 Min.

Den Backofen auf 185° (Umluft) vorheizen. Die Form mit Butter fetten und mit Maismehl ausstreuen. Die Kuvertüre grob hacken, 100 g davon in einer Metallschüssel über dem heißen Wasserbad schmelzen, anschließend vom Wasserbad nehmen.

Die weiche Butter mit Puderzucker und 1 Prise Salz mit den Quirlen der Küchenmaschine oder des Handrührgeräts in mind. 3 Min. schaumig aufschlagen. Die Eier einzeln dazugeben und gründlich unterrühren. Dann alles in weiteren ca. 2 Min. weiß aufschlagen. Die geschmolzene Kuvertüre löffelweise dazugeben und unterrühren.

In einer Schüssel Maismehl, Maisstärke, Johannisbrotkernmehl, Mandeln, Backpulver, übrige gehackte Kuvertüre, Flohsamen und Kakao mischen. Die Mehlmischung nach und nach zur Buttermasse geben und abwechselnd mit der Milch unterrühren.

Die Schokomasse in die Form füllen und im Ofen ca. 10 Min. vorbacken. Dann die Backofentemperatur auf 170° (Umluft) reduzieren und den Kuchen in 35 – 40 Min. fertig backen. Den Kuchen aus dem Ofen nehmen und kurz abkühlen lassen, stürzen und auf einem Kuchengitter vollständig abkühlen lassen. Zum Servieren in Scheiben schneiden.

Tipp

Mit wenigen Handgriffen mache ich aus diesem Schokoladenkuchen eine Geburtstagstorte: Ich lasse ihn abkühlen, schneide ihn zweimal waagerecht durch und fülle ihn mit Orangenmarmelade oder Preiselbeerkonfitüre. Zum Schluss kommt noch Kuvertüre (vgl. Kleine Mandeltorte S. 116) darüber.

FEINER RÜHRKUCHEN
MIT WEISSEM RUM

Diesen Kuchen backe ich oft, wenn ich spontan zum Kaffee eingeladen werde. Er geht ganz leicht, passt zu Tee und Kaffee – und bekommt durch den Rum eine ganz feine Vanillenote. Einfach unwiderstehlich!

80 g ganze geschälte Mandeln
350 g weiche Butter
250 g Zucker
1 EL Vanillezucker
Salz
6 Eier (Größe M)
175 g Maisstärke
175 g Kartoffelmehl
2 ½ TL glutenfreies Backpulver (ca. 12 g)
6 cl weißer Rum
Butter und Kartoffelmehl für die Form

Für 1 Kranzform oder Springform mit Rohrboden (ca. 28 cm Ø)
Zubereitung: ca. 15 Min.
Backen: ca. 45 Min.

Den Backofen auf 175° (Umluft) vorheizen. Die Form mit Butter fetten und mit Kartoffelmehl ausstreuen. Die ganzen Mandeln in einer beschichteten Pfanne ohne Fett unter Rühren leicht rösten, Herausnehmen und kurz abkühlen lassen, dann fein hacken.

Die weiche Butter mit dem Zucker, Vanillezucker und 2 große Prisen Salz mit den Quirlen des Handrührgeräts schaumig aufschlagen. Die Eier einzeln dazugeben und jeweils gründlich unterrühren.

Die Maisstärke mit dem Kartoffelmehl und dem Backpulver mischen. Die Mehlmischung auf die Buttermasse sieben und alles gut verrühren. Zuletzt den Rum und die gehackten Mandeln dazugeben.

Den Teig in die Kranzform füllen und im Ofen 40 – 45 Min. backen. Den Kuchen aus dem Ofen nehmen und kurz abkühlen lassen, dann stürzen und auf einem Kuchengitter vollständig abkühlen lassen. Nach Belieben mit Zuckerguss (siehe Tipp) überziehen. Statt mit Rum können Sie den Guss auch mit Zitronensaft anrühren.

Easy baking

Richtig beschwipst wird der Kuchen mit einem Rum-Zuckerguss! Dafür rühre ich einfach 120 g Puderzucker mit 2 TL weißem Rum glatt.

SCHOKOKUCHEN
MIT BANANEN UND NÜSSEN

Dieser Schoko-Bananen-Traum ist das perfekte Mitbringsel für einen Kaffeeklatsch mit Freundinnen – oder für eine Party. Er ist wunderbar saftig, lässt sich einfach schneiden und problemlos transportieren.

200 g gemahlene Haselnusskerne
50 g Zartbitterkuvertüre (mind. 60 % Kakaoanteil)
120 g Cashewnusskerne
140 g geschroteter Leinsamen
½ TL Zimtpulver
50 g Kakaopulver
6 Eier (Größe M)
240 g weiche Butter
200 g Rohrzucker
2 reife Bananen (siehe Tipp)
140 ml Milch
100 g Zucker
Butter und gemahlene Haselnusskerne für die Form

Für 1 quadratische Backform (ca. 20 × 20 cm)
Zubereitung: ca. 35 Min.
Backen: ca. 40 Min.

Den Backofen auf 175° (Umluft) vorheizen. Die Form mit Butter fetten und mit Nüssen ausstreuen.

Die Haselnüsse in einer Pfanne ohne Fett unter Rühren leicht rösten, vom Herd nehmen und abkühlen lassen. Die Kuvertüre grob hacken. Die Cashewnüsse in einer Nussmühle oder im Blitzhacker fein mahlen und mit Leinsamen, Haselnüssen, Zimt, Kakao und gehackter Kuvertüre mischen.

Die Eier trennen. Die weiche Butter mit dem Zucker mit den Quirlen des Handrührgeräts hellschaumig aufschlagen. Die Eigelbe dazugeben und alles noch ca. 2 Min. weiterschlagen. Bananen schälen, durch die Kartoffelpresse drücken und unterschlagen. Die Nussmischung im Wechsel mit der Milch unter die Ei-Butter-Masse rühren. Eiweiße mit Zucker steif schlagen und unterziehen. Die Masse in die Form füllen und glatt streichen.

Den Kuchen im Ofen ca. 40 Min. backen. Aus dem Ofen nehmen und kurz abkühlen lassen. Zum Servieren den Kuchen in Würfel schneiden. Nach Belieben noch warm mit Vanilleeis servieren.

Einfach clever

Für diesen Kuchenteig verwende ich am liebsten überreife Bananen, die sich gut zerdrücken lassen. Die Schale darf sich ruhig schon etwas bräunlich verfärbt haben.

SCHOKOGUGELHUPF
MIT GETROCKNETEN FEIGEN

Das ist mein Kuchen mit Überraschungseffekt, weil man die raffinierte Feigen-Schoko-Masse erst beim Anschneiden sieht. Sie sinkt beim Backen in den Teig ein und verleiht dem Guglhupf eine leicht karamellige Note.

Für den Teig:
250 g weiche Butter
200 g Zucker
1 TL Zimtpulver
Salz
4 Eier (Größe L)
1 EL Zitronensaft
2 EL Kakaopulver (ca. 10 g)
75 g Maisstärke
75 g Kartoffelmehl
100 g geschroteter Leinsamen
1 Pck. Natron (5 g)
70 ml abgekühlter Kaffee
Butter und Kartoffelmehl
für die Form

Für die Füllung:
120 g getrocknete Feigen
100 g Zartbitterkuvertüre
(mind. 60 % Kakaoanteil)
1 EL Zitronensaft

Für 1 Gugelhupf- oder Kranzform (ca. 22 cm Ø)
Zubereitung: ca. 40 Min.
Backen: ca. 45 Min.

Den Backofen auf 175° (Umluft) vorheizen. Die Form mit Butter fetten und mit Kartoffelmehl ausstreuen. Für den Teig die weiche Butter mit Zucker, Zimt und 2 großen Prisen Salz mit den Quirlen des Handrührgeräts schaumig aufschlagen. Die Eier einzeln dazugeben und gründlich unterrühren. Dann den Zitronensaft hinzufügen.

Kakaopulver, Maisstärke, Kartoffelmehl und Leinsamen mit dem Natron mischen und in eine Schüssel sieben. Die Mehlmischung zur Buttermasse geben und alles gründlich verrühren. Zuletzt den Kaffee untermischen und den Teig in die Form füllen.

Für die Füllung die Trockenfeigen klein würfeln und die Kuvertüre grob hacken. Beides mit dem Zitronensaft im Blitzhacker fein zerkleinern, bis eine zähe Masse entstanden ist.

Die Feigen-Schoko-Masse mit einem Löffel auf dem Teig verteilen, sie versinkt beim Backen im Teig. Den Kuchen im Ofen 40 – 45 Min. backen. Den Gugelhupf aus dem Ofen nehmen und kurz abkühlen lassen, dann stürzen und auf einem Kuchengitter vollständig abkühlen lassen. Zum Servieren in Scheiben schneiden. Dazu passt halb steif geschlagene Sahne.

Sorglos-Tipp

Leinsamen gibt es zwar bereits fertig geschrotet zu kaufen. Trotzdem gebe ich sie vor dem Backen noch einmal kurz in den Blitzhacker – je feiner der Leinsamenschrot ist, desto besser quillt er nämlich und desto besser bindet er den Teig!

MACADAMIA-FLANS

IN DER TASSE GEBACKEN

Meine Version der angesagten Mug-Cakes: schnell gebacken, herrlich cremig und ein Seelentröster in allen Lebenslagen. Wenn ich die aus dem Ofen hole, sind alle begeistert. Was soll ich sagen? So geht Kaffeeklatsch heute!

40 g Macadamia-Nusskerne
65 g Zartbitterkuvertüre (mind. 60 % Kakaoanteil)
60 g Butter
abgeriebene Schale von 1 Bio-Orange
2 Eier (Größe M)
100 g Zucker
1 TL Johannisbrotkernmehl (ca. 5 g)
Salz
Butter und glutenfreies Mehl für die Tassen

Für 4 ofenfeste Tassen (à ca. 120 ml Inhalt)
Zubereitung: ca. 20 Min.
Backen: ca. 12 Min.

Den Backofen auf 200° (Umluft) vorheizen. Die Tassen mit Butter fetten und mit Mehl ausstreuen. Die Macadamia-Nüsse in einer beschichteten Pfanne ohne Fett leicht rösten. Herausnehmen, abkühlen lassen und in einer Nussmühle oder im Blitzhacker fein mahlen.

Die Kuvertüre grob hacken und mit der Butter in einer Metallschüssel über dem heißen Wasserbad schmelzen. Die Schüssel vom Wasserbad nehmen und kurz abkühlen lassen, dann die Orangenschale zur Kuvertüre-Butter-Mischung geben.

Die Eier und den Zucker mit einem Schneebesen von Hand leicht verrühren. Macadamiamehl, Johannisbrotkernmehl und 1 Prise Salz mischen und unter die Eiermasse ziehen. Zuletzt die Kuvertüre-Butter-Mischung dazugeben.

Die Schokoladenmasse in die Tassen füllen und im Ofen ca. 12 Min. backen. Aus dem Ofen nehmen und kurz abkühlen lassen. Dann die Flans auf kleine Teller stürzen und sofort servieren.

Easy baking

Besonders yummy: Krönen Sie die Flans doch mal mit einem cremigen Topping aus halbsteif geschlagener Sahne und Preiselbeerkonfitüre!

MAULWURFKÄSEKUCHEN
MIT QUINOA-STREUSELN

Bei diesem Kuchen will man einfach zum Maulwurf werden: Er duftet so gut und schmeckt so fein, dass man sich am liebsten gleich durch einen ganzen Berg hindurchfuttern möchte. Vor allem, wenn er noch ofenwarm ist!

Für den Teig:
1 Rezept Mürbeteig (siehe S. 16, dabei 40 ml Eiswasser und statt Maisstärke 30 g Kakaopulver verwenden)
Butter und Vollkornreismehl für die Form und zum Arbeiten

Zusätzlich für die Streusel:
100 g gemahlene Haselnusskerne
30 g Zucker | Salz
20 g Puff-Quinoa

Für die Käsemasse:
4 Eier (Größe L)
150 g Zucker
1 Pck. glutenfreies Vanillepuddingpulver
1 kg Quark
abgeriebene Schale von 1 Bio-Zitrone
Salz | 40 g Sahne
30 g Kakaopulver

Für 1 Springform (ca. 28 cm Ø)
Zubereitung: ca. 1 Std.
Backen: ca. 1 Std. 10 Min.

Den Backofen auf 180° (Umluft) vorheizen. Die Form mit Butter fetten und mit Mehl ausstreuen. Für den Teig nach dem Grundrezept (siehe S. 16) einen Mürbeteig zubereiten, das Kakaopulver färbt den Teig dunkel. Den Teig kühl stellen.

Etwa zwei Drittel des Teiges auf wenig Reismehl zu einem Kreis (ca. 32 cm Ø) ausrollen und die Form damit auslegen, dabei einen Rand formen. Für die Streusel den restlichen Mürbeteig mit Nüssen, Zucker, 2 Prisen Salz und Quinoa mischen.

Für die Käsemasse die Eier trennen. 100 g Zucker und Puddingpulver mischen. Mit Quark, Eigelben und Zitronenschale verrühren. Die Eiweiße mit dem übrigen Zucker und 2 Prisen Salz steif schlagen und unterheben. Die Sahne mit dem Kakao glatt rühren und unter ein Drittel der Quarkmasse ziehen.

Helle Quarkmasse in die Form geben, dunkle Quarkmasse daraufklecksen. Mit einer Gabel durch beide Massen ziehen, sodass ein Marmormuster entsteht. Die Streusel darauf verteilen und den Kuchen im Ofen 60 – 70 Min. backen. (Bei Bedarf nach der Hälfte der Zeit mit Backpapier abdecken.) Herausnehmen und in der Form auf einem Kuchengitter abkühlen lassen. Zum Servieren in Stücke schneiden.

Einfach clever

Ich liebe diese Knusperstreusel mit exotischem Getreide – sie passen auch auf andere Kuchen oder Muffins. Statt Quinoa kann man auch Puff-Amarant verwenden, die Menge bleibt gleich.

KAKAOKUCHEN
MIT EXOTISCHEN FRÜCHTEN

Ich war noch nie in der Südsee. Aber immer, wenn ich diesen Kuchen backe, träume ich von einem Urlaub dort: Brauner Zucker, Physalis, Mango und süße Bananen – klingt das nicht nach Strand und Sommer unter Palmen?

Für den Teig:
160 g gemahlene Haselnusskerne
70 g geschroteter Leinsamen
1 Pck. Natron (5 g)
30 g Kakaopulver
2 reife Bananen
120 g weiche Butter
150 g Rohrzucker | Salz
3 Eier (Größe L)
4 ½ cl Rum
2 TL Zitronensaft
Butter und gemahlene Haselnusskerne für die Form

Für den Belag:
100 g Physalis
1 reife feste Banane
100 g Mango
Puderzucker zum Bestäuben

Für 1 quadratische Backform (ca. 20 × 20 cm)
Zubereitung: ca. 40 Min.
Backen: ca. 40 Min.

Den Backofen auf 170° (Umluft) vorheizen. Die Form mit Butter fetten und mit Nüssen ausstreuen. Für den Teig die Haselnüsse in einer beschichteten Pfanne ohne Fett unter Rühren leicht rösten, vom Herd nehmen und abkühlen lassen. Danach Leinsamen mit Haselnüssen, Natron und Kakaopulver gründlich mischen. Die Bananen schälen, in grobe Stücke schneiden und durch die Kartoffelpresse drücken.

Die weiche Butter mit Zucker und 1 Prise Salz mit den Quirlen der Küchenmaschine oder des Handrührgeräts hellschaumig aufschlagen. Die Eier einzeln dazugeben und jeweils gründlich unterrühren. Alles noch ca. 2 Min. weiterschlagen, dann die zerdrückten Bananen untermischen. Die trockenen Zutaten hinzufügen, Rum und Zitronensaft dazugeben und alles ca. 1 Min. durchrühren.

Für den Belag die Physalis putzen und waschen, trocken tupfen und halbieren. Die Banane schälen und grob würfeln. Die Mango in ½ – 1 cm große Würfel schneiden. Den Teig in die Form füllen und mit den geschnittenen Früchten belegen. Im Ofen ca. 40 Min. backen. Herausnehmen und kurz abkühlen lassen, dann aus der Form lösen und auf einem Kuchengitter abkühlen lassen. Zum Servieren mit Puderzucker bestäuben und in Stücke schneiden.

Easy baking

Besonders locker wird der Kuchen, wenn Sie die Eier mit dem Zucker extra aufschlagen und dann zur schaumigen Butter geben.

BESTER MANDELKUCHEN
MIT ORANGENAROMA

Mandelkuchen haben in unserer Familie Tradition. Meine Oma backt sie gern, meine Mutter liebt sie. Und dieser hier – ist meine Kreation! Er hat eine tolle samtweiche Konsistenz. Kalorienzählen? Ist hier verboten!

300 g ganze geschälte Mandeln
200 g Zucker
4 zimmerwarme Eier (Größe M)
Salz
Saft von 1 Zitrone
abgeriebene Schale von 1 Bio-Orange
Butter und gemahlene Mandeln für die Form
Puderzucker zum Bestäuben

Für 1 Tarteform (ca. 32 cm Ø)
Zubereitung: ca. 25 Min.
Backen: ca. 45 Min.

Den Backofen auf 200° (Umluft) vorheizen. Die Form mit Butter fetten und mit den gemahlenen Mandeln ausstreuen. Die ganzen Mandeln in einer beschichteten Pfanne ohne Fett unter Rühren hell rösten. Herausnehmen und abkühlen lassen. Dann in einer Nussmühle oder im Blitzhacker fein mahlen.

Den Zucker und die Eier mit 1 Prise Salz, Zitronensaft und Orangenschale mit den Quirlen des Handrührgeräts schaumig aufschlagen. Zuletzt die gemahlenen Mandeln unter die Masse ziehen.

Die Mandelmasse in die Tarteform füllen und im Ofen ca. 10 Min. vorbacken. Dann die Backofentemperatur auf 170° (Umluft) reduzieren und den Kuchen in ca. 35 Min. fertig backen.

Den Mandelkuchen aus dem Ofen nehmen und kurz abkühlen lassen, dann aus der Form lösen und auf einem Kuchengitter vollständig abkühlen lassen. Zum Servieren gleichmäßig mit Puderzucker bestäuben und in Stücke schneiden.

Sorglos-Tipp

Ich achte immer darauf, wirklich mehligkochende Kartoffeln zu verwenden. Nur damit wird das Brot gleichzeitig super saftig und flaumig. Das nochmalige Backen ganz am Schluss, ohne Form, verleiht dem Brot sein knuspriges Finish.

ZWIEBELBROT
MIT BUCHWEIZENMEHL

Der warme Duft von gedünsteten Zwiebeln, dazu ein Hauch Kümmel – da läuft einem schon das Wasser im Mund zusammen, wenn das Brot noch im Ofen backt. Und meinen Gästen natürlich auch.

120 g rote Zwiebeln
3 EL Olivenöl
100 g Buchweizenmehl
½ Würfel Hefe (ca. 21 g)
1 EL Zucker (ca. 10 g)
100 g Maismehl
40 g Vollkornreismehl
1 EL Kümmelsamen
2 TL gemahlene Flohsamenschalen (ca. 8 g)
Salz
3 Eier (Größe L)

Für 1 Kastenform (ca. 20 cm)
Zubereitung: ca. 1 Std. 20 Min.
Gehen: ca. 1 Std.
Backen: ca. 25 Min.

Die Form mit Backpapier auslegen. Die Zwiebeln schälen und in feine Würfel schneiden. In einer Pfanne in 1 EL heißem Öl glasig dünsten und auf Küchenpapier abkühlen lassen.

Für den Vorteig 20 g Buchweizenmehl mit der Hefe, dem Zucker und 60 ml lauwarmem Wasser verrühren und an einem warmen Ort zugedeckt ca. 30 Min. gehen lassen.

Inzwischen übriges Buchweizenmehl, Mais- und Reismehl mischen und in eine Schüssel sieben. Den Kümmel im Mörser grob zerstoßen und dazugeben.

Flohsamen und gut 1 TL Salz (ca. 6 g) mit den Eiern und dem übrigen Öl hinzufügen und alles mit den Knethaken der Küchenmaschine oder des Handrührgeräts mind. 5 Min. kräftig rühren. Den Vorteig dazugeben und gründlich unterrühren. Zuletzt die gedünsteten Zwiebeln untermischen.

Den Brotteig in die Form füllen und zugedeckt ca. 30 Min. gehen lassen. Inzwischen den Backofen auf 185° (Umluft) vorheizen. Das Brot im Ofen ca. 25 Min. backen. Herausnehmen und abkühlen lassen. Zum Servieren aus der Form lösen und in Scheiben schneiden.

Easy baking

Das Erfolgsgeheimnis bei diesem Rezept sind die Zwiebeln. Ich röste sie vorher in der Pfanne goldbraun an – das gibt extra-viel Aroma für das Brot.

HIRSE-AMARANT-BROT
MIT MADRAS-CURRY

Madras – so hieß früher eine große Stadt im Süden Indiens. Die Küche dort ist eher scharf, wie auch das Madras-Currypulver. Mit Amarant und Hirse wird seine Schärfe aber ganz zahm, und das Brot bekommt eine raffiniert würzige Note.

Salz
50 g Hirse (½ Teetasse, ergibt ca. 200 g gekocht)
30 g Amarant (ergibt ca. 50 g gekocht)
100 g Maismehl
100 ml lauwarme Milch
1 Würfel Hefe (ca. 42 g)
40 g Zucker
100 g Maisstärke
120 g Kartoffelmehl
100 g Rote-Linsen-Mehl (z. B. von Müllers Mühle)
2 EL gemahlene Flohsamenschalen (ca. 16 g)
3 EL Madras-Currypulver
1 TL gemahlener Koriander (ca. 5 g)
4 Eier (Größe M)
125 g weiche Butter
Butter und Maismehl für die Form

Für 1 Kastenform (ca. 30 cm)
Zubereitung: ca. 40 Min.
Gehen: ca. 1 Std. 10 Min.
Backen: ca. 1 Std.

In einem Topf 200 ml Wasser mit 1 Prise Salz aufkochen, Hirse dazugeben und ca. 7 Min. sanft köcheln lassen. Vom Herd nehmen und ca. 10 Min. quellen lassen, dann abgießen und abkühlen lassen. Auf die gleiche Weise den Amarant in 120 ml Salzwasser zubereiten. (Hirse und Amarant sollten feucht, aber nicht wässrig sein und noch etwas Biss haben. Nach Belieben am Vortag kochen.)

Für den Vorteig 20 g Maismehl mit lauwarmer Milch, Hefe und Zucker verrühren und an einem warmen Ort zugedeckt ca. 30 Min. gehen lassen. Die Form mit Butter fetten und mit Maismehl ausstreuen.

Inzwischen übriges Maismehl, Maisstärke, Kartoffel- und Linsenmehl mischen und Flohsamen, Curry, Koriander und 2 TL Salz (ca. 10 g) dazugeben. Mehlmischung, Vorteig, Eier und Butter gründlich verrühren. Gekochte Hirse und Amarant dazugeben und alles zu einem feuchten, fast flüssigen Teig verrühren.

Den Brotteig in die Form füllen und zugedeckt ca. 40 Min. gehen lassen. Inzwischen den Backofen auf 180° (Ober- und Unterhitze) vorheizen. Das Brot im Ofen (Mitte) ca. 1 Std. backen. Aus dem Ofen nehmen und abkühlen lassen. Zum Servieren aus der Form lösen und in Scheiben schneiden.

Einfach clever

Dieses Brot mag ich so gern, dass ich gleich mehrere davon auf Vorrat backe. Die Brote lassen sich super gut einfrieren, sie müssen zuvor nur wirklich komplett abgekühlt sein!

BUTTERMILCHBROT
MIT ROTER BETE UND ZIEGENKÄSE

Dieses Brot ist mein Partyknüller! Allein wegen seiner Farbe ist es ein echter Hingucker. Aber es macht nicht nur optisch was her, sondern schmeckt auch grandios. Egal womit man es belegt – es harmoniert mit süß und salzig.

200 g Maismehl
25 g Hefe
1 ½ EL Zucker (ca. 15 g)
100 ml lauwarme Milch
220 g Rote Bete
150 g Vollkornreismehl
65 g Buchweizenmehl
2 TL gemahlene Flohsamenschalen (ca. 8 g)
25 g Milchpulver (nach Belieben)
Salz
50 ml Rote-Bete-Saft
2 Eier (Größe M)
150 ml Buttermilch
50 ml Olivenöl
100 g Ziegenfrischkäse
30 g Rosinen
Butter und Maismehl für die Form

Für 1 Gugelhupfform (ca. 22 cm Ø)
Zubereitung: ca. 40 Min.
Gehen: ca. 1 Std. 15 Min.
Backen: ca. 40 Min.

Für den Vorteig 20 g Maismehl mit Hefe, Zucker und lauwarmer Milch verrühren und an einem warmen Ort zugedeckt ca. 30 Min gehen lassen. Währenddessen die Form mit Butter fetten und mit Maismehl ausstreuen. Die Rote Beten schälen und fein raspeln, 180 g abwiegen.

Inzwischen übriges Maismehl mit Reis- und Buchweizenmehl mischen, in eine Schüssel sieben. Flohsamen, nach Belieben Milchpulver, knapp 3 TL Salz (ca. 14 g), Rote-Bete-Saft, Eier und Buttermilch dazugeben und mit den Knethaken der Küchenmaschine oder des Handrührgeräts kräftig schlagen. Geraspelte Rote Beten und Öl dazugeben und unterrühren.

Dann den Vorteig untermischen. Den Ziegenkäse grob zwischen den Fingern zerbröseln und mit den Rosinen mit einem Teigspatel unter den Teig rühren. Den Teig in die Form füllen und mit einem feuchten Küchentuch zugedeckt 30 – 45 Min. gehen lassen. Inzwischen den Ofen auf 185° (Umluft) vorheizen.

Das Brot im Ofen ca. 30 Min. backen. Dann die Backofentemperatur auf 175° (Umluft) reduzieren und das Brot in ca. 10 Min. fertig backen. Aus dem Ofen nehmen und auf einem Kuchengitter abkühlen lassen. Zum Servieren stürzen und in Scheiben schneiden.

Easy baking

Gugelhupfform fürs Brot? Das macht Sinn, weil der recht flüssige glutenfreie Hefeteig in Backformen am besten gelingt. Eine eckige Kastenform geht auch.

SONNTAGSBRÖTCHEN
MIT QUARK UND MILCHREIS

So sollen Sonntagsbrötchen sein: außen knusprig, innen weich. Genau die richtige Sonntagsmischung aus Gemütlichkeit und Unternehmungslust. Und weil die Brötchen einfach zu machen sind, kommt hier beides nicht zu kurz!

50 g Rundkornreis (Milchreis)
100 ml Milch
1 TL Thymianblättchen
Salz
190 g Vollkornreismehl
2 TL gemahlene Flohsamenschalen (ca. 8 g)
1 ½ TL glutenfreies Backpulver (ca. 8 g)
250 g Quark
1 Ei (Größe M)
20 g weiche Butter
abgeriebene Schale von ¼ Bio-Zitrone
Vollkornreismehl zum Arbeiten

Für 8 Stück
Zubereitung: ca. 35 Min.
Backen: ca. 33 Min.

Den Reis in einem Topf mit 300 ml Wasser, Milch, Thymian und 1 großen Prise Salz aufkochen. Dann bei mittlerer Hitze ca. 12 Min. köcheln lassen, bis der Reis gar ist. Den gekochten Reis in ein Sieb abgießen, eiskalt abbrausen und gut abtropfen lassen. Dann auf Küchenpapier ausbreiten und auf Zimmertemperatur abkühlen lassen.

Inzwischen den Backofen auf 210° (Umluft) vorheizen. Ein Backblech mit Backpapier auslegen. Das Reismehl mit Flohsamen, Backpulver und 2 TL Salz (ca. 10 g) in einer Schüssel mischen. Quark, Ei, Butter und Zitronenschale dazugeben und alles mit den Knethaken der Küchenmaschine oder des Handrührgeräts zu einem feuchten, fast flüssigen Teig verrühren. Zuletzt den gekochten Reis hinzufügen.

Den Teig auf der mit Reismehl bestreuten Arbeitsfläche zu einer ca. 30 cm langen, dicken Rolle formen und diese in acht Stücke schneiden. Die Stücke mit bemehlten Händen zu runden Teiglingen formen und auf das Blech setzen. Die Brötchen im Ofen ca. 25 Min. backen. Dann die Backofentemperatur auf 180° (Umluft) reduzieren und die Brötchen in weiteren 5 – 8 Min. goldbraun fertig backen. Aus dem Ofen nehmen und etwas abkühlen lassen.

Tipp

Das Tolle an den Sonntagsbrötchen ist, dass sie sich sowohl für ein pikantes als auch für ein süßes Frühstück eignen. Für süße Brötchen lasse ich aber die Thymianblättchen weg, nehme auch nur die Hälfte vom Salz und rühre stattdessen 2 EL Zucker unter den Teig. Lecker mit Konfitüre!

KÜRBISBROT
MIT ORANGE UND BUCHWEIZEN

Mein Gute-Laune-Rezept! Weil mich das Brot schon beim Anschneiden so sonnig anlacht und auch geschmacklich für gute Stimmung sorgt. Es ist ungemein saftig und ausgesprochen aromatisch. Die Mühe lohnt sich!

Für das Kürbispüree:
200 g Butternusskürbisfleisch
1 Schalotte
50 g Butter
Salz

Für den Teig:
175 g Buchweizenmehl
100 ml lauwarmer Orangensaft
½ Würfel Hefe (ca. 21 g)
2 TL Zucker (ca. 10 g)
1 TL Korianderkörner
40 g Kürbiskerne
75 g Maismehl
2 TL gemahlene Flohsamenschalen (ca. 8 g)
3 Eier (Größe M)
Salz
30 ml Olivenöl
abgeriebene Schale von ¼ Bio-Orange

Für 1 Kastenform (ca. 25 cm)
Zubereitung: ca. 1 Std.
Gehen: ca. 1 Std.
Backen: ca. 40 Min.

Für das Kürbispüree Kürbis fein raspeln. Schalotte schälen und fein würfeln. Kürbis und Schalotte in einer Pfanne in der Butter ca. 10 Min. dünsten. Dann im Mixer fein pürieren, mit knapp ½ TL Salz (ca. 2 g) würzen und abkühlen lassen.

Für den Vorteig 20 g Buchweizenmehl mit dem lauwarmen Orangensaft, der Hefe und dem Zucker in einer Schüssel verrühren und an einem warmen Ort zugedeckt ca. 30 Min. gehen lassen.

Inzwischen die Form mit Backpapier auslegen. Die Korianderkörner im Mörser grob zerstoßen. Die Kürbiskerne in einer Nussmühle oder im Blitzhacker fein mahlen (siehe Tipp S. 29). Das übrige Buchweizenmehl und das Maismehl mit den Flohsamen mischen. Den Vorteig, die Eier, 1 ½ TL Salz (ca. 8 g), das Öl und die Orangenschale dazugeben und alles zu einem feuchten, fast flüssigen Teig verrühren.

Den Teig in die Kastenform füllen und zugedeckt ca. 30 Min. gehen lassen. Inzwischen den Backofen auf 175° (Umluft) vorheizen. Das Brot im Ofen ca. 30 Min. vorbacken. Dann die Backofentemperatur auf 190° (Umluft) erhöhen und das Brot in ca. 10 Min. fertig backen. Herausnehmen und abkühlen lassen. Zum Servieren aus der Form lösen.

Sorglos-Tipp

Je nachdem, was ich auf dem Markt finde, verwende ich auch mal andere Kürbissorten. Aber gleich, welchen ich nehme: Ich achte immer darauf, dass das Kürbisfleisch schön samtig püriert wird – das macht das Brot besonders fluffig.

SAUERTEIGBROT
MIT TEFF UND CANIHUA

Teff ist gerade ziemlich im Kommen. Hinter dem lustigen Namen verbirgt sich ein nahrhaftes Süßgras: Zwerghirse, das kleinste Getreide der Welt. Die Körnchen sind reich an Mineralstoffen – also genau das Richtige für ein gesundes Brot!

200 g Teffmehl
120 ml lauwarme Milch
12 g Hefe
1 Pck. Quinoa-Sauerteig-Extrakt
2 TL Zucker (ca. 10 g)
100 g ganze Haselnusskerne
50 g Canihua-Mehl (ersatzweise Kastanien- oder Teffmehl)
100 g Vollkornreismehl
2 TL gemahlene Flohsamenschalen (ca. 8 g)
3 Eier (Größe M)
Salz
50 ml Olivenöl

Für 1 Kastenform (ca. 25 cm)
Zubereitung: ca. 20 Min.
Gehen: ca. 1 Std.
Backen: ca. 40 Min.

Für den Vorteig 20 g Teffmehl mit lauwarmer Milch, Hefe, Sauerteig-Extrakt und Zucker verrühren und an einem warmen Ort zugedeckt ca. 30 Min. gehen lassen. Die Form mit Backpapier auslegen.

Inzwischen 70 g Haselnüsse grob hacken. Das übrige Teffmehl, das Canihua-Mehl und Reismehl mit den Flohsamen mischen. Den Vorteig und die Eier mit 2 TL Salz (ca. 10 g), Öl und Haselnüssen dazugeben. Zu einem feuchten, fast flüssigen Teig verrühren.

Den Teig in die Form füllen, mit den übrigen ganzen Haselnüssen bestreuen und zugedeckt nochmals ca. 30 Min. gehen lassen. Inzwischen den Backofen auf 175° (Umluft) vorheizen.

Das Brot im Ofen ca. 30 Min. vorbacken. Dann die Backofentemperatur auf 190° (Umluft) erhöhen und das Brot in ca. 10 Min. fertig backen. Aus dem Ofen nehmen und abkühlen lassen. Zum Servieren aus der Form lösen und in Scheiben schneiden.

Einfach clever

Hier ist es wirklich wichtig, den Teig an einem warmen Ort gehen zu lassen, sonst dauert es nämlich doppelt so lange! Am besten stellt man ihn bei 50° in den Backofen – da geht er schön locker auf.

MIT SCHOKO & NÜSSEN

Sooooooo schokoladig! Und so einfach zu machen! Das sind gute Gründe zum Happysein. Aber wenn noch feine Früchte ins Spiel kommen und crunchy Nuss und Mandelkern – dann reicht für das Glück bestimmt nicht nur ein Stück!

MARGERITENKUCHEN
AUS KARTOFFELTEIG

Dieses Rezept ist eine Hommage an meine Oma Hedwig, die gern mit Kartoffeln bäckt. Das hat mir schon als Kind besonders gut geschmeckt! Kartoffeln geben jedem Gebäck eine schöne Saftigkeit – perfekt für lockere Kuchen.

550 g mehligkochende Kartoffeln (ergibt ca. 500 g gekocht)
8 Eier (Größe M)
250 g Zucker
2 EL Vanillezucker
Saft von 2 Zitronen
abgeriebene Schale von 1 Bio-Zitrone
80 g gemahlene geschälte Mandeln (Mandelmehl)
1 TL Johannisbrotkernmehl (ca. 5 g)
Salz
Butter und Mandelmehl für die Form
Puderzucker zum Bestäuben

Für 1 Margeriten- oder Springform (ca. 26 cm Ø)
Zubereitung: ca. 50 Min.
Backen: ca. 1 Std.

Die Kartoffeln mit Schale in reichlich kochendem Wasser halb gar kochen. Abgießen, kurz ausdampfen lassen und pellen. Noch heiß durch die Kartoffelpresse drücken.

Den Backofen auf 180° (Umluft) vorheizen. Die Form mit Butter fetten und mit Mandelmehl ausstreuen. Die Eier trennen. Die Eigelbe mit der Hälfte des Zuckers, dem Vanillezucker sowie Zitronensaft und -schale mit den Quirlen des Handrührgeräts schaumig aufschlagen. Die Mandeln mit dem Johannisbrotkernmehl mischen.

Die Eiweiße mit 1 Prise Salz und dem restlichen Zucker steif schlagen. Den Eischnee auf die Eigelbmasse setzen, den Kartoffelschnee dazugeben und die Mandelmischung darüberstreuen. Alles mit einem Teigspatel locker unterheben, sodass eine glatte Masse entsteht.

Die Masse in die Form füllen und im Ofen (Mitte) 50–60 Min. backen. (Bei Bedarf nach der Hälfte der Zeit mit Backpapier abdecken.) Den Kuchen aus dem Ofen nehmen und kurz abkühlen lassen, dann stürzen oder aus der Form lösen und auf einem Kuchengitter vollständig abkühlen lassen. Zum Servieren mit Puderzucker bestäuben und in Stücke schneiden.

Sorglos-Tipp

Lust auf Mandel-Schoko-Torte? Mit dem Mandelkuchen ist ganz schnell eine gezaubert! Einfach den abgekühlten Kuchen mit einer Kardamom-Schoko-Mousse (vgl. S. 118) großzügig toppen und mit gerösteten, gehackten Mandeln bestreuen. Unbedingt probieren!

MIT BEEREN & OBST

Happy Hour für süße Früchtchen: Die Himbeeren flirten mit dem Hefeteig, die Aprikosen mit den Cashews und die Äpfel kriegen rote Bäckchen, wenn sie die Schokolade sehen. Wenn das nicht Liebe auf den ersten Biss ist!

HIMBEERKUCHEN
MIT HEFETEIG

Dieser Kuchen ist ein echter Hingucker und nicht umsonst unser Coverstar. Ich nenne ihn: »mein Super-Verwöhn-Kuchen«. Der flaumige Teig, die lockere Kruste, die leckeren Himbeeren: eine Gabel davon – und alles wird gut!

Für den Teig:
240 ml lauwarme Milch
100 g Zucker
30 g Hefe
1 Ei (Größe M)
30 g weiche Butter
250 g glutenfreies Mehl (z. B. von Schär)
1 TL gemahlene Flohsamenschalen (ca. 4 g)
¼ TL Zimtpulver | Salz
abgeriebene Schale von ½ Bio-Zitrone

Außerdem:
300 g Himbeeren
Puderzucker zum Bestäuben
Butter und glutenfreies Mehl für die Form

Für 1 Springform (ca. 26 cm Ø)
Zubereitung: ca. 20 Min.
Gehen: ca. 1 Std. 20 Min.
Backen: ca. 40 Min.

Für den Teig die Form mit Butter fetten und mit Mehl ausstreuen. Aus den Zutaten nach dem Grundrezept (siehe S. 20) einen Teig zubereiten, an einem warmen Ort zugedeckt mind. 40 Min. gehen lassen.

Inzwischen die Himbeeren verlesen, waschen und trocken tupfen. Nach dem Gehen den Hefeteig nochmals durchrühren.

Den Teig zur Hälfte in die Form füllen und die Hälfte der Himbeeren gleichmäßig darauf verteilen. Dann den übrigen Hefeteig einfüllen und zuletzt die restlichen Himbeeren darüber verteilen.

Alles zugedeckt weitere 30 – 40 Min. gehen lassen. Währenddessen den Backofen auf 175° (Umluft) vorheizen. Sobald der Hefeteig an Volumen gewonnen hat, den Kuchen im Ofen 35 – 40 Min. backen.

Den Kuchen aus dem Ofen nehmen und kurz abkühlen lassen, dann aus der Form lösen und auf einem Kuchengitter vollständig abkühlen lassen. Den Kuchen zum Servieren mit Puderzucker bestäuben und in Stücke schneiden.

Easy baking

Zu diesem Himbeerkuchen schmeckt mir am allerbesten ein Klecks frische, halb steif geschlagene Sahne! Mehr braucht es nicht ...

APRIKOSENKUCHEN
MIT CASHEWMUS

Noch so ein unwiderstehlicher Kuchen, der viele Facetten hat: das buttrige Aroma der Kerne, die sommerliche Säure der Aprikosen und dazu die knusprigen Sesambrösel. Ehrlich: zum Anbeißen!

1 Rezept Hefeteig (siehe S. 20, dabei statt Butter 50 g Cashewmus verwenden)
30 g Cashewnusskerne
30 g helle Sesamsamen
130 g Zucker
100 g Vollkornreismehl
100 g Maismehl
90 g Maisstärke
2 TL Johannisbrotkernmehl (ca. 10 g)
1 geh. EL gemahlene Flohsamenschalen (ca. 10 g)
1 ½ TL glutenfreies Backpulver (ca. 7,5 g)
Salz
170 g nicht zu kalte Butter
1 Ei (Größe M)
30 ml Eiswasser
250 g Aprikosen
100 g Cashewmus

Für 1 Springform (ca. 26 cm Ø)
Zubereitung: ca. 40 Min.
Gehen: ca. 1 Std.
Backen: ca. 40 Min.

Backofen auf 170° (Umluft) vorheizen. Die Form mit Butter fetten und mit Mehl ausstreuen. Nach dem Grundrezept (siehe S. 20) einen Hefeteig zubereiten und an einem warmen Ort zugedeckt ca. 30 Min. gehen lassen. Dabei das Cashewmus über dem heißen Wasserbad erwärmen, sodass es streichzart ist, und nach dem Gehen unter den Teig rühren. Den Hefeteig in die Form geben, darin gleichmäßig verteilen und zugedeckt ca. 30 Min. gehen lassen.

Währenddessen die Cashewnüsse grob hacken, mit Sesam, Zucker, Reis- und Maismehl, Maisstärke, Johannisbrotkernmehl, Flohsamen, Backpulver und 1 Prise Salz mischen. Butter in Würfeln, Ei und Eiswasser dazugeben und alles zu einem Teig kneten. In Frischhaltefolie gewickelt ca. 30 Min. kühl stellen.

Inzwischen die Aprikosen waschen, halbieren und entsteinen. Cashewmus wie oben beschrieben erwärmen. Mit den Fingern mehrere kleine Mulden (3 – 4 cm Abstand) in den Teig drücken, teelöffelweise das Cashewmus in die Mulden verteilen. Die Aprikosen mit der Wölbung nach oben auf das Mus legen.

Den Sesamteig grob darüberreiben und den Kuchen im Ofen 35 – 40 Min. backen. Herausnehmen und in der Form auf einem Kuchengitter abkühlen lassen.

Einfach clever

Ähnlich wie Johannisbrotkernmehl können auch Flohsamenschalen die Kleberfunktion des Glutens übernehmen. Durch ihre Quelleigenschaft binden sie Flüssigkeit und fördern die Elastizität des Teigs.

SAUERKIRSCHKÜCHLEIN
MIT NÜSSEN AUS DEM PIEMONT

Seitdem ich im Piemont war und dort die sagenhaften Haselnüsse probiert habe, weiß ich, warum sie so berühmt sind. Ihr Aroma ist Haselnuss hoch zwei! Wie gut, dass man sie inzwischen auch bei uns bekommt!

10 g Nuss-Nougat-Masse
80 g weiche Butter
80 g Zucker | Salz
2 Eier (Größe M)
1 TL gemahlene Flohsamenschalen (ca. 4 g)
50 g ganze Haselnusskerne (am besten aus dem Piemont)
60 g gemahlene Mandeln
4 EL gemahlene Haselnusskerne (ca. 20 g)
40 g getrocknete Sauerkirschen (ersatzweise getrocknete Cranberrys oder Goji-Beeren)
½ TL Rosmarinnadeln
Butter und gemahlene Mandeln für die Förmchen

Für 4 Torteletttörmchen (à ca. 10 cm Ø)
Zubereitung: ca. 20 Min.
Backen: ca. 12 Min.

Den Backofen auf 170° (Umluft) vorheizen. Die Förmchen mit Butter fetten und mit gemahlenen Mandeln ausstreuen. Die Nuss-Nougat-Masse in einer Metallschüssel über dem heißen Wasserbad leicht erwärmen, sodass sie streichzart ist (alternativ in der Mikrowelle erwärmen).

Die weiche Butter mit Zucker, Nussnougat und 1 Prise Salz mit den Quirlen des Handrührgeräts schaumig aufschlagen. Die Eier einzeln dazugeben und jeweils gründlich unterrühren. Zuletzt die Flohsamenschalen dazugeben.

Die ganzen Haselnüsse grob hacken und mit den gemahlenen Mandeln und Haselnüssen mischen. Die Sauerkirschen grob hacken. Den Rosmarin fein hacken. Die Nussmischung unter die Buttermasse rühren, zuletzt Kirschen und Rosmarin dazugeben.

Den Teig auf die Förmchen verteilen und im Ofen in 10 – 12 Min. goldgelb backen. Die Küchlein aus dem Ofen nehmen und kurz abkühlen lassen, dann aus den Förmchen lösen und auf einem Kuchengitter vollständig abkühlen lassen.

Tipp

Noch nussiger schmecken die Küchlein, wenn Sie die Haselnüsse nach dem Hacken rösten. Am besten bei schwacher Hitze in einer beschichteten Pfanne ohne Fett. Verlassen Sie sich einfach auf Ihre Nase und ziehen Sie die Pfanne vom Herd, sobald die Nüsse zu duften beginnen.

BLAUBEERTARTE

MIT RICOTTA UND ZIMT

Diese Tarte backe ich im Sommer mit Blaubeeren aus dem Garten und im Winter mit eingefrorenen Früchten. Am liebsten mag ich diesen Kuchen lauwarm. Übrigens: Er eignet sich auch super als Dessert.

Für den Teig:
1 Rezept Mürbeteig (siehe S. 16)
Butter für die Form
Maismehl für die Form
und zum Arbeiten

Für den Belag:
500 g Blaubeeren
50 g zerlassene Butter
120 g Zucker
300 g saure Sahne
2 Eier (Größe M)
35 g Maisstärke
4 EL Vanillezucker
¼ TL Zimtpulver
70 g Sahne
abgeriebene Schale von
½ Bio-Zitrone
140 g Ricotta

Für 1 Tarteform (ca. 28 cm Ø)
Zubereitung: ca. 45 Min.
Kühlen: 2 Std.
Backen: ca. 45 Min.

Für den Teig nach dem Grundrezept (siehe S. 16) einen Mürbeteig zubereiten. Zu einem Ziegel formen, in Frischhaltefolie wickeln und 1 – 2 Std. kühl stellen. Inzwischen für den Belag die Blaubeeren verlesen, waschen und trocken tupfen.

Den Backofen auf 185° (Umluft) vorheizen. Die Form mit Butter fetten und mit Maismehl ausstreuen. Etwa zwei Drittel des Teiges abnehmen, den Rest zurück in den Kühlschrank legen. Den Mürbeteig auf wenig Maismehl rund ausrollen und die Form damit auslegen, dabei einen Rand formen.

Für den Belag alle Zutaten außer dem Ricotta und den Beeren in einer Schüssel verrühren und auf den Teigboden gießen. Den Ricotta teelöffelweise daraufsetzen, dann die Beeren darüber verteilen. Das restliche Teigdrittel auf einer groben Reibe als Streusel über die Tarte reiben.

Die Tarte im Ofen ca. 45 Min. backen (bei Bedarf nach der Hälfte der Zeit mit Backpapier abdecken). Herausnehmen und in der Form auf einem Kuchengitter abkühlen lassen. Zum Servieren aus der Form lösen und in Stücke schneiden.

Easy baking

Der Mürbeteig ist leicht bröselig, lässt sich gekühlt aber prima ausrollen und in der Form verteilen. Alternativ zerbröseln und mit der Hand andrücken.

APFELSANDKUCHEN
MIT SCHOKOSPLITTERN

Apfel und Schokolade sind ein tolles Paar. Warum kombiniert man sie so selten im Kuchen, fragte ich mich, und entwickelte dieses Rezept. Eine echte Win-win-Situation für die beiden. Und auch für uns!

2 Äpfel (z. B. Boskop, ca. 300 g)
2 TL Zitronensaft
80 g weiche Butter
110 g Rohrzucker
ausgekratztes Mark von ¼ Vanilleschote
Salz | 2 EL Olivenöl
4 geh. EL Apfelfasern (10–12 g, siehe Tipp)
150 g Joghurt
120 g Zartbitterkuvertüre (mind. 60 % Kakaoanteil)
75 g Maisstärke
50 g Kartoffelmehl
50 g Vollkornreismehl
150 g Maismehl
1 TL gemahlene Flohsamenschalen (ca. 4 g)
1 Pck. Natron (5 g)
Butter und Maismehl für die Form

Für 1 Backform (ca. 20 × 20 cm)
Zubereitung: ca. 25 Min.
Backen: ca. 40 Min.

Den Backofen auf 160° (Umluft) vorheizen. Die Form mit Butter fetten und mit Maismehl ausstreuen. Die Äpfel vierteln und schälen, die Viertel entkernen und in dünne Spalten schneiden. Sofort mit Zitronensaft beträufeln, damit sie sich nicht bräunlich verfärben.

Die weiche Butter mit dem Zucker, Vanillemark und 2 großen Prisen Salz mit den Quirlen des Handrührgeräts hellschaumig aufschlagen. Das Öl und die Apfelfasern dazugeben und weiterschlagen. Dann den Joghurt einrühren.

Die Kuvertüre hacken und mit der Maisstärke, den drei Mehlsorten, den Flohsamen und dem Natron mischen. Die Mehl-Kuvertüre-Mischung unter die Buttermasse rühren.

Den Teig in die Form füllen und mit den Apfelspalten belegen. Den Kuchen im Ofen 35 – 40 Min. backen. Herausnehmen und kurz abkühlen lassen, dann aus der Form lösen und auf einem Kuchengitter vollständig abkühlen lassen. Zum Servieren in Stücke schneiden und nach Belieben Schlagsahne dazu reichen.

Sorglos-Tipp

Apfelfasern bestelle ich im Internet. Sie werden durch ein schonendes Verfahren aus entsafteten und getrockneten Äpfeln gewonnen. Dieser Ballaststoff ist perfekt zum Backen, weil er das Gebäck saftig macht und länger frisch hält.

POLENTA-KUCHEN
MIT RHABARBER

Früher dachte man bei Grieß vor allem an Brei. Inzwischen hat sich aber herumgesprochen, dass Polenta ein toller Mehlersatz ist. Sie macht den Teig angenehm knusprig – und harmoniert wunderbar mit der frischen Säure von Rhabarber.

750 ml Milch
250 g Zucker
110 g feiner Maisgrieß (Polenta)
150 g weiche Butter
1 EL Vanillezucker
abgeriebene Schale von 1 Bio-Zitrone
Salz
6 Eier (Größe M)
3 EL Maisstärke (ca. 30 g)
½ TL glutenfreies Backpulver (ca. 2 ½ g)
125 g gemahlene Mandeln
500 g junger (Erdbeer-)Rhabarber
Butter und Maisgrieß für die Form
Puderzucker zum Bestäuben

Für 1 rechteckige Backform (ca. 24 × 32 cm)
Zubereitung: ca. 50 Min.
Backen: ca. 50 Min.

Den Backofen auf 185° (Umluft) vorheizen. Die Form mit Butter fetten und mit Grieß ausstreuen. Milch und 50 g Zucker in einem Topf aufkochen und den Maisgrieß einrühren. In mind. 3 Min. zu einem dicken Brei köcheln lassen, dabei immer wieder gut umrühren. Vom Herd nehmen und abkühlen lassen.

Die weiche Butter mit 100 g Zucker, Vanillezucker, Zitronenschale und 2 großen Prisen Salz mit den Quirlen des Handrührgeräts schaumig aufschlagen. Die Eier trennen, Eigelbe unter die Buttermasse rühren. Den abgekühlten Grießbrei nach und nach untermischen. Maisstärke und Backpulver sieben und mit den Mandeln mischen. Die Eiweiße mit dem übrigen Zucker steif schlagen, den Eischnee auf die Buttermasse setzen. Die trockenen Zutaten darübergeben und alles mit einem Teigspatel unterheben.

Den Rhabarber putzen und waschen, trocken tupfen und in ca. 20 cm lange Stücke schneiden. Den Teig in die Form füllen, mit Rhabarber belegen und im Ofen ca. 30 Min. vorbacken. Die Backofentemperatur auf 170° (Umluft) reduzieren und den Kuchen in ca. 20 Min. fertig backen. Herausnehmen und kurz abkühlen lassen, dann aus der Form lösen und vollständig abkühlen lassen. Zum Servieren mit Puderzucker bestäuben und in Stücke schneiden.

Easy baking

Wenn der Maisgrießbrei erst einmal auf Zimmertemperatur abgekühlt ist, verbindet er sich problemlos mit der luftigen Butter-Eier-Masse.

APRIKOSENTARTE
MIT QUARK-ÖL-TEIG

Diese Tarte hat einen eindeutig französischen Touch. Schon wenn ich den Teig knete, kommen mir Bilder aus der Provence in den Sinn. Das liegt natürlich am Anis! Da denke ich an Pastis – und den warmen Duft des Südens.

Für den Belag:
400 g Aprikosen | 50 ml Zitronensaft | 3 g Anissamen
2 g Fenchelsamen
50 g Zucker | ½ Vanilleschote
5 cl Anisschnaps (z. B. Pastis, nach Belieben)

Für den Quark-Öl-Teig:
2 g Fenchelsamen
100 g Vollkornreismehl
120 g Maismehl
100 g Maisstärke | 100 g Zucker
2 ½ TL gemahlene Flohsamenschalen (ca. 10 g)
1 ½ TL glutenfreies Backpulver (ca. 8 g)
Salz | 2 Eier (Größe M)
150 g gut gekühlter Quark
30 ml Öl (z. B. Limettenöl)
abgeriebene Schale von 1 Bio-Limette
Butter und Maismehl für die Form und zum Arbeiten

Für die Käsemasse:
2 EL Maisstärke (ca. 18 g)
45 g Zucker | 3 Eier (Größe M)
300 g Schmand | 150 g Quark
abgeriebene Schale von ½ Bio-Zitrone
1 TL Vanillezucker

Für 1 Tarteform (ca. 28 cm Ø)
Zubereitung: ca. 45 Min.
Ziehen: über Nacht
Backen: ca. 35 Min.

Am Vortag für den Belag die Aprikosen waschen, halbieren und die Steine herauslösen. Die Aprikosenhälften sofort in einer Schüssel mit dem Zitronensaft beträufeln, gründlich mit dem Saft mischen und bis zur weiteren Verwendung ziehen lassen. Inzwischen die Anis- und Fenchelsamen im Mörser fein mahlen.

In einem Topf 100 ml Wasser mit dem Zucker mischen und die gemahlenen Anis- und Fenchelsamen sowie die Vanilleschote dazugeben. Alles aufkochen und ca. 1 Min. köcheln lassen. Dann den Gewürzsirup über die Aprikosenhälften gießen. Den Pastis nach Belieben dazugeben und die Aprikosen zugedeckt über Nacht durchziehen lassen.

Am nächsten Tag den Backofen auf 195° (Ober- und Unterhitze) vorheizen. Die Form mit Butter fetten und mit Mehl ausstreuen. Für den Teig die Fenchelsamen im Mörser fein mahlen. Reismehl, Maismehl und Maisstärke in eine Rührschüssel geben und mit Fenchel, Zucker, Flohsamen, Backpulver und 1 Prise Salz mischen.

Nacheinander die Eier und den Quark dazugeben und mit den Quirlen des Handrührgeräts alles mind. 2 Min. unterrühren. Dann das Öl zugießen und die Limettenschale hinzufügen, beides ebenfalls gründlich unter den Teig mischen.

Den Teig bei Bedarf mit den Händen noch glatt kneten. Dann auf wenig Maismehl mit dem Nudelholz zu einem Kreis (ca. 32 cm Ø) ausrollen. Die Tarteform damit auslegen, dabei einen Rand formen.

weiter geht's

Sorglos-Tipp

Den Quark-Öl-Teig verarbeite ich immer sofort nach dem Zubereiten. Er enthält Backpulver, das den Teig in die Höhe treibt – und deshalb würde er bereits vor dem Fertigstellen der Tarte zu stark aufgehen.

Für die Käsemasse die Maisstärke mit dem Zucker in einer Schüssel mischen. Die Eier sowie Schmand und Quark hinzufügen und alles verrühren, es sollten keine Klumpen mehr in der Masse enthalten sein. Zuletzt Zitronenschale und Vanillezucker unterrühren.

Die Käsemasse auf den Teigboden füllen und mit einem Teigspatel glatt verstreichen. Die Aprikosenhälften in einem Sieb abtropfen lassen und mit der Unterseite nach oben auf der Käsemasse verteilen.

Zuerst die Tarte im Ofen (Mitte) ca. 20 Min. backen. Dann die Backofentemperatur auf 175° reduzieren und die Tarte in ca. 15 Min. fertig backen. Aus dem Ofen nehmen und in der Form auf einem Kuchengitter abkühlen lassen. Am besten noch am gleichen Tag genießen. Zum Servieren aus der Form lösen und in Stücke schneiden.

NUSS-NOUGAT-KUCHEN
MIT KAKAO UND ÄPFELN

Noch ein Traumkuchen für Apfel-Schoko-Fans! Und weil hier gleich zweimal Äpfel drin sind – frisch und getrocknet – kommt das Apfelaroma besonders gut zur Geltung. Fast schon: bratapfelmäßig.

60 g Nuss-Nougat-Masse
2 Äpfel (z. B. Boskop, ca. 300 g)
60 g ganze geschälte Mandeln
180 g weiche Butter
150 g Puderzucker
Salz
ausgekratztes Mark von ½ Vanilleschote
4 Eier (Größe L)
4 geh. EL Apfelfasern (10–12 g, siehe Tipp S. 77)
4 cl Rum
100 g Kartoffelmehl
100 g Maisstärke
30 g Kakaopulver
2 TL glutenfreies Backpulver (ca. 10 g)

Für 1 Springform (ca. 28 cm Ø)
Zubereitung: ca. 25 Min.
Backen: ca. 45 Min.

Den Backofen auf 175° (Umluft) vorheizen. Die Form mit Backpapier auslegen. Die Nuss-Nougat-Masse in einer Metallschüssel über dem heißen Wasserbad leicht erwärmen, sodass sie streichzart ist (alternativ in der Mikrowelle erwärmen). Die Äpfel schälen und vierteln, die Viertel entkernen und in kleine Würfel schneiden. Die Mandeln grob hacken.

Die weiche Butter mit dem Puderzucker, der weichen Nuss-Nougat-Masse, 2 großen Prisen Salz und dem Vanillemark mit den Quirlen des Handrührgeräts cremig aufschlagen. Die Eier einzeln dazugeben und jeweils gründlich unterrühren. Dann Apfelfasern und Rum hinzufügen.

Kartoffelmehl und Maisstärke mit dem Kakaopulver und dem Backpulver sieben und die Mandeln dazugeben. Die Mehlmischung unter die Buttermasse rühren, anschließend die Apfelwürfel hinzufügen.

Die Schokomasse in die Form füllen und im Ofen in 35–45 Min. goldgelb backen. Den Kuchen aus dem Ofen nehmen und kurz abkühlen lassen, dann aus der Form lösen und auf einem Kuchengitter vollständig abkühlen lassen. Anschließend zum Servieren in Stücke schneiden.

Easy baking

Es müssen nicht immer Äpfel sein. Der Kuchen schmeckt vor allem im Herbst ebenso gut mit saftigen Birnen, Kirschen oder Zwetschgen.

OBSTKUCHEN
MIT ESSBAREN BLÜTEN

Malven, Flieder, Rosen: Mit unbehandelten Blüten aus dem Garten kann man tolle Effekte zaubern. Ich liebe es, zartes Gebäck mit Blumen aufzuhübschen. Und das duftige Blütenkleid steht nicht nur dem Obstbiskuit gut!

Für den Biskuitboden:
4 Eier (Größe M)
105 g Zucker
2 EL Vanillezucker
abgeriebene Schale von 1 Bio-Zitrone
Salz | 50 g Maisstärke
50 g Vollkornreismehl
2 Msp. glutenfreies Backpulver (ca. 1 g)
Butter und Vollkornreismehl für die Form

Für den Belag:
300 g Lemoncurd
75 g Aprikosenkonfitüre
500 g gemischte Beeren nach Wunsch (z. B. Johannis-, Blau- und Himbeeren)
Puderzucker zum Bestäuben
essbare Blüten zum Garnieren (z. B. Mini-Hornveilchen oder Rosenblätter)

Für 1 Springform (ca. 26 cm Ø)
Zubereitung: ca. 25 Min.
Backen: ca. 30 Min.

Den Backofen auf 250° (Umluft) vorheizen. Den Boden der Springform mit Butter fetten und mit Vollkornreismehl ausstreuen oder mit Backpapier auslegen. Für den Biskuitboden aus den Zutaten nach dem Grundrezept (siehe S. 22) eine Biskuitmasse zubereiten.

Die Masse in die Form füllen, glatt streichen und im Ofen ca. 10 Min. vorbacken, dabei die Hitze auf 200° (Umluft) reduzieren. Anschließend die Backofentemperatur auf 160° (Umluft) reduzieren und den Biskuit in ca. 20 Min. fertig backen. Herausnehmen und in der Form abkühlen lassen.

Den abgekühlten Biskuitboden aus der Springform lösen und mit einem Sägemesser zweimal waagerecht durchschneiden. Den unteren Biskuitboden auf eine Kuchenplatte setzen und mit 150 g Lemoncurd bestreichen. Den mittleren Boden daraufsetzen und den übrigen Lemoncurd darauf verteilen. Den letzten Boden auflegen und gleichmäßig mit der Aprikosenkonfitüre bestreichen.

Die Beeren waschen und trocken tupfen, dann auf dem Kuchen verteilen. Den Obstkuchen leicht mit Puderzucker bestäuben und mit den Blüten dekorieren. Zum Servieren in Stücke schneiden.

Sorglos-Tipp

Für den absoluten Glamour-Effekt sorgt eine frisch gepflückte, ungespritzte Rosenblüte aus dem Garten. Ich lasse sie ganz, lege sie dekorativ mitten auf die Früchte und streue noch einmal etwas Puderzucker über den Kuchen.

MARACUJA-EISTORTE

MIT KASTANIENMEHL

Zartschmelzendes Halbgefrorenes auf saftigem Kuchen: Das sind zwei Glücksgaranten in einem! Und ein tolles Spiel der Gegensätze: hier die knackigen, aromatischen Nüsse und da die sonnige, exotische Frucht – einfach unschlagbar!

Für den Kuchen:
2 Eier (Größe M)
100 g Puderzucker | Salz
100 ml Haselnussöl
170 g Kastanienmehl
50 g gemahlene Haselnusskerne
2 TL glutenfreies Backpulver (ca. 10 g)
100 g Crème fraîche
2 cl Haselnussschnaps
Butter und Vollkornreismehl für die Form

Für die Eismasse:
1 Blatt Gelatine
5 Eigelb (Größe M)
155 g Zucker | 1 EL Vanillezucker
30 ml Zitronensaft
frisch gepresster Saft von 6 Maracujas | 300 g Sahne
3 Maracujas | 30 g Honig
70 ml Maracujanektar (Fertigprodukt) | 1 TL Maisstärke

Für 1 Springform (ca. 20 cm)
Zubereitung: ca. 25 Min.
Tiefkühlen: ca. 24 Std.
Backen: ca. 25 Min.

Am Vortag den Backofen auf 175° (Umluft) vorheizen. Für den Kuchen die Form mit Butter fetten und mit Mehl ausstäuben. Eier mit Puderzucker und 1 Prise Salz aufschlagen, Öl nach und nach zugießen. Kastanienmehl mit Nüssen und Backpulver mischen, mit Crème fraîche und Schnaps unterrühren. Teig in die Form füllen, im Ofen ca. 25 Min. backen. Herausnehmen, kurz abkühlen lassen, aus der Form lösen, vollständig abkühlen lassen und kühl stellen.

Für die Eismasse die Gelatine in kaltem Wasser einweichen. Die Eigelbe mit 125 g Zucker, Vanillezucker und Zitronensaft über dem heißen Wasserbad cremig aufschlagen. Die Gelatine ausdrücken und mit dem frischen Maracujasaft in die Eiermasse rühren, dann in der Küchenmaschine kalt schlagen. Sahne steif schlagen und unterheben. Kuchen auf eine Kuchenplatte stellen, einen Tortenring außen herumspannen. Die Eismasse auf dem Kuchen glatt streichen und die Eistorte zugedeckt ca. 24 Std. einfrieren.

Am nächsten Tag die Maracujas halbieren, jeweils das Mark und die Kerne herauslösen und in einem Topf mit Honig, übrigem Zucker und Nektar aufkochen. Die Stärke mit 20 ml Wasser glatt rühren und dazugeben. Alles ca. 2 Min. köcheln und dann abkühlen lassen. Die Eistorte mit der Masse locker überziehen.

Easy baking

Wer will, mischt noch 30ml gutes Olivenöl unter die kalte Maracujamasse. Vor dem Überziehen mit dem Stabmixer einmal (!) kurz aufschlagen!

KLEIN & FEIN

Kleines Glück, oho: Power-Getreidekörnchen wie Quinoa oder Amarant, Mini-Superfoods wie Chiasamen und viele, viele gesunde Nüsse und Mandeln bringen die süßen Kekse & Cookies, Muffins & Brownies groß raus!

FRANZIS GLÜCKSKNÖPFE
MIT CHIASAMEN

Alle lieben Cookies – weil sie so schön knuspern. Und diese hier? Knuspern sogar noch mehr! Da lohnt sich glatt die zweifache Menge. Weil geteiltes Cookie-Glück einfach immer doppeltes Glück ist!

Für den Teig:
20 g Chiasamen
50 g Zartbitterkuvertüre
(mind. 60 % Kakaoanteil)
3 Eiweiße (Größe M)
185 g Puderzucker
Salz
145 g gemahlene Mandeln
100 g gemahlene Haselnusskerne
1 TL Zimtpulver
4 EL Kakaopulver (ca. 20 g)
1 TL abgeriebene Schale von
1 Bio-Zitrone
1 TL geriebener Ingwer

Außerdem:
60 g Zucker zum Wälzen
1 Cookiestempel (ca. 5 cm Ø)
1 Zahnstocher

Für ca. 60 Stück
Zubereitung: ca. 1 Std. 20 Min.
Kühlen: ca. 12 Std. (über Nacht)
Backen: ca. 10 Min.

Am Vortag für den Teig Chiasamen im Blitzhacker fein schroten. Die Kuvertüre fein reiben. Eiweiße mit Puderzucker und 1 Prise Salz ca. 5 Min. aufschlagen, dabei am besten mit der Küchenmaschine arbeiten.

Dann Mandeln, Haselnüsse, Zimt und Chiasamen zum Eischnee geben und das Kakaopulver darübersieben. Alles gut mit dem Eischnee verrühren. Zuletzt die geriebene Kuvertüre, die Zitronenschale und den Ingwer dazugeben. Die Masse zugedeckt über Nacht in den Kühlschrank stellen.

Am nächsten Tag den Backofen auf 180° (Umluft) vorheizen. Zwei Backbleche mit Backpapier auslegen. Aus der Masse mit einem Löffel Kugeln abstechen, eventuell von Hand etwas nachformen und in Zucker wälzen. Dann mit einem Cookie-Stempel ca. 5 mm flach drücken. (Alternativ mit der Hand flach drücken und mit einer Flaschenöffnung eindrücken.) Mit dem Zahnstocher 2 oder 4 Löcher einstanzen, damit die Cookies wie Knöpfe aussehen.

Die Cookies im Ofen auf Sicht ca. 10 Min. backen. Herausnehmen, mit dem Backpapier vom Blech ziehen und auf einem Kuchengitter abkühlen lassen.

Tipp

Geschenkanhänger gefällig? Die Cookies sind perfekt dafür! Solange sie warm sind, steche ich dazu mit einem Holzstäbchen zwei Löcher in das Knopfmuster, lasse die Cookies abkühlen und ziehe dann ein Bändchen durch die Löcher hindurch. Echt easy – und so niedlich!

KOKOS-KAKAO-COOKIES
MIT WEISSER SCHOKOLADE

Ich glaube, die Freude am Naschen muss extra für diese Cookies in die Welt gekommen sein. Sie sind einfach unwiderstehlich: nicht zu süß, leicht karamellig, zart cremig und knusprig zugleich. Kunststück? Nein: kinderleicht!

40 g zerlassene Butter
2 EL Rohrzucker (ca. 25 g)
3 EL Zucker (ca. 30 g)
½ EL Vanillezucker
Salz
abgeriebene Schale von ¼ Bio-Zitrone
1 TL Zitronensaft
1 EL Olivenöl
45 g saure Sahne
2 EL Milch
1 Ei (Größe M)
100 g Kartoffelmehl
250 g Vollkornreismehl
1 ¼ EL Maisstärke (ca. 12 g)
½ TL glutenfreies Backpulver (ca. 2 ½ g)
3 EL Kakaopulver (ca. 15 g)
25 g Kokosraspel
50 g grob gehackte weiße Kuvertüre
Butter fürs Blech

Für 2 24er-Whoopie-Bleche (ca. 40 Stück)
Zubereitung: ca. 20 Min.
Backen: ca. 8 Min.

Den Backofen auf 190° (Umluft) vorheizen. Die Whoopie-Bleche mit Butter fetten. Alternativ zwei Backbleche mit Backpapier auslegen.

Die zerlassene Butter mit den beiden Zuckersorten, Vanillezucker, 1 großen Prise Salz und Zitronenschale mit den Quirlen des Handrührgeräts verrühren. Den Zitronensaft, das Olivenöl, die saure Sahne, die Milch und das Ei zur Buttermasse geben und alles gründlich unterrühren.

Kartoffelmehl, Reismehl und Maisstärke mit dem Backpulver in eine Schüssel sieben, mit Kakaopulver und Kokosraspeln mischen und unter die Masse ziehen. Zuletzt die gehackte Kuvertüre unterrühren.

Mit zwei Teelöffeln Häufchen der Masse auf die Whoopie-Bleche setzen und leicht flach drücken. Die Cookies sollten ca. 5 cm breit und 8 mm hoch sein. (Bei normalen Blechen zwischen den einzelnen Häufchen etwas Abstand lassen.)

Die Cookies im Ofen auf Sicht nach Belieben entweder in ca. 5 Min. weich oder in ca. 8 Min. knusprig backen. Herausnehmen, von den Whoopie-Blechen lösen oder mit dem Backpapier vom Blech ziehen und auf einem Kuchengitter abkühlen lassen.

Easy baking

Ich backe die Cookies nur gut 5 Min. Dann sind sie innen soft und außen crunchy – so mag ich sie! Wer will, überzieht sie noch mit flüssiger Kuvertüre.

KNUSPERTALER
FÜR JEDEN TAG

Hier ist der Joghurt der Trick: Er gibt den Talern eine angenehme Leichtigkeit und angenehme Frische. Genau das Richtige für jeden Tag. Und weil gesunde Äpfel drin sind, darf man ruhig mehr davon naschen.

120 g Zartbitterkuvertüre (mind. 60 % Kakaoanteil)
80 g weiche Butter
50 g Rohrzucker
60 g Zucker
ausgekratztes Mark von ¼ Vanilleschote
Salz
2 EL Olivenöl
1 EL Zitronensaft
2 geh. EL Apfelfasern (5–6 g, siehe Tipp S. 77)
90 g Joghurt
75 g Maisstärke
100 g Kartoffelmehl
150 g Maismehl
1 Pck. Natron (5 g)

Für ca. 30 Stück
Zubereitung: ca. 25 Min.
Backen: ca. 20 Min.

Den Backofen auf 160° (Umluft) vorheizen. Zwei Backbleche mit Backpapier auslegen. Die Kuvertüre grob hacken.

Die weiche Butter mit beiden Zuckersorten, Vanillemark und 2 großen Prisen Salz mit den Quirlen des Handrührgeräts schaumig aufschlagen. Das Öl, den Zitronensaft und die Apfelfasern hinzufügen und unterrühren. Dann den Joghurt dazugeben.

Maisstärke mit Kartoffelmehl, Maismehl und Natron sieben. Mehlmischung zur Buttermasse geben und gründlich unterrühren. Zuletzt die gehackte Kuvertüre mit einem Löffel unter den Teig ziehen.

Mit zwei Teelöffeln vom Teig nebeneinander Häufchen auf die Bleche setzen. Dabei zwischen den einzelnen Häufchen etwas Abstand lassen.

Die Knuspertaler im Ofen 15 – 20 Min. backen. Die Taler sind dann noch halbflüssig, werden aber beim Abkühlen leicht knusprig (siehe Tipp). Aus dem Ofen nehmen, mit dem Backpapier vorsichtig vom Blech ziehen und auf einem Kuchengitter abkühlen lassen.

Sorglos-Tipp

Keine Bange, wenn die fertig gebackenen Taler beim Herausnehmen aus dem Ofen noch cremig wirken. Sie werden beim Abkühlen etwas fester. Und dann bleiben sie außen knusprig und innen soft – einfach himmlisch!

CHOC CHIP COOKIES
MIT HASELNÜSSEN

Muscovadozucker wird aus tropischem Zuckerrohr gewonnen und hat ein einzigartig warmes Aroma. Er süßt nicht nur, er ist fast schon ein Gewürz! Deshalb schmecken diese Cookies auch so unvergleichlich gut.

120 g Zartbitterkuvertüre (mind. 60 % Kakaoanteil)
75 g Butter
60 g Muscovadozucker
50 g Zucker
ausgekratztes Mark von ¼ Vanilleschote
Salz
2 Eier (Größe M)
75 g Vollkornreismehl
75 g Maismehl
1 knapper TL Johannisbrotkernmehl (ca. 4 g)
1 ½ TL glutenfreies Backpulver (ca. 7 g)
60 g ganze Haselnusskerne

Für 20 – 26 Stück
Zubereitung: ca. 20 Min.
Backen: 2 × ca. 15 Min.

Den Backofen auf 175° (Ober- und Unterhitze) vorheizen. Zwei Backbleche mit Backpapier auslegen.

Die Kuvertüre grob hacken. Die Butter in einem Topf zerlassen und in eine Schüssel geben. Beide Zuckersorten, Vanille und 2 große Prisen Salz dazugeben und alles mit den Quirlen der Küchenmaschine oder des Handrührgeräts verrühren. Dann die Eier einzeln hinzufügen und gründlich unterrühren.

Beide Mehlsorten mit dem Johannisbrotkernmehl und dem Backpulver mischen und in eine Schüssel sieben. Die Mehlmischung unter die Buttermasse rühren, zuletzt die Zartbitterkuvertüre und die Haselnüsse hinzufügen und unterrühren.

Mit zwei Teelöffeln von der Masse nebeneinander Häufchen auf die Bleche setzen. Dabei zwischen den einzelnen Häufchen etwas Abstand lassen. Die Cookies im Ofen (Mitte) nacheinander in ca. 15 Min. goldgelb backen. Aus dem Ofen nehmen, mit dem Backpapier vom Blech ziehen und auf einem Kuchengitter abkühlen lassen.

Easy baking

Für mehr Nussgeschmack röste ich die Nüsse leicht in einer Pfanne ohne Fett, bevor ich sie zum Teig gebe. Lecker auch mit (gerösteten) Para- oder Walnüssen!

BROWNIES
MIT MANDELSTÜCKCHEN

Wenn es regnet, meine Laune im Keller ist oder ich einfach nur müde bin und einen Energiekick brauche, backe ich diese Brownies. Und auf wundersame Weise scheint plötzlich die Sonne und ich bin gut drauf. Woran das wohl liegt?

250 g Zartbitterkuvertüre (mind. 60 % Kakaoanteil)
250 g Butter
65 g Vollmilchkuvertüre
50 g ganze ungeschälte Mandeln
4 Eier (Größe L)
Salz
100 g Zucker
150 g gemahlene geschälte Mandeln (Mandelmehl)
1 Msp. Zimtpulver
Kakaopulver oder Puderzucker zum Bestäuben (nach Belieben)

Für 1 quadratische Backform (ca. 20 × 20 cm)
Zubereitung: ca. 15 Min.
Backen: ca. 30 Min.

Den Backofen auf 160° (Umluft) vorheizen. Die Backform mit Backpapier auslegen. Die Zartbitterkuvertüre und die Butter in einer Metallschüssel über dem heißen Wasserbad schmelzen. Die Vollmilchkuvertüre und die Mandeln grob hacken.

Die Eier mit 1 Prise Salz und Zucker in einer Metallschüssel über dem heißen Wasserbad mit einem Schneebesen in 2 – 3 Min. dickcremig aufschlagen. In die Küchenmaschine füllen und kalt schlagen. Die aufgelöste Kuvertüre-Butter-Mischung nach und nach zur Eiermasse geben und gut verrühren. Zuletzt Mandelmehl und Zimt vorsichtig unterheben.

Den Teig in die Form füllen und mit gehackter Vollmilchkuvertüre und gehackten Mandeln bestreuen. Den Kuchen im Ofen 25 – 30 Min. backen. Dann aus dem Ofen nehmen und in der Form auf einem Kuchengitter abkühlen lassen.

Zum Servieren den Kuchen aus der Form lösen und in rechteckige Stücke schneiden. Nach Belieben mit Kakao oder Puderzucker bestäuben.

Einfach clever

Die gehackten Mandeln zum Bestreuen der Brownies kann man gern auch mal durch Macadamia-Nüsse, Cashewkerne oder Pekannüsse ersetzen – diese dafür ebenfalls grob hacken.

MUSKAT-BLONDIES
MIT PARANÜSSEN

Anders als heute, würzte man früher viel mehr mit Muskat, auch Gebäck. Und nicht nur zu Weihnachten! Wenn ich diese Blondies backe, weiß ich auch warum: Weil Muskat etwas Sonniges hat – und das braucht man das ganze Jahr!

70 g Paranusskerne
165 g weiße Kuvertüre
125 g Butter
50 g Vollkornreismehl
50 g gemahlene geschälte Mandeln (Mandelmehl)
1 geh. TL Johannisbrotkernmehl (ca. 6 g)
3 Eier (Größe M)
70 g Zucker
abgeriebene Schale von 1 Bio-Orange
je 3 Msp. frisch geriebene Muskatnuss und Muskatblüte (Macis)
Butter und Vollkornreismehl für die Form
Puderzucker zum Bestäuben (nach Belieben)

Für 1 quadratische Backform (ca. 20 × 20 cm)
Zubereitung: ca. 30 Min.
Backen: ca. 35 Min.

Den Backofen auf 185° (Ober- und Unterhitze) vorheizen. Die Form mit Butter fetten und mit Reismehl ausstreuen. Die Paranüsse in einer beschichteten Pfanne ohne Fett unter Rühren hell rösten, dann abkühlen lassen und grob hacken.

125 g weiße Kuvertüre hacken und mit der Butter in einer Metallschüssel über dem heißen Wasserbad schmelzen. Übrige weiße Kuvertüre grob hacken und mit Paranüssen mischen. Reismehl und Mandelmehl mit Johannisbrotkernmehl mischen.

Die Eier mit Zucker, Orangenschale, Muskatnuss und Macis in einer Metallschüssel über dem heißen Wasserbad mit einem Schneebesen in 4 – 6 Min. dickcremig aufschlagen. In die Küchenmaschine füllen und kalt schlagen. Kuvertüre-Butter-Masse nach und nach dazugeben, dann die Mehlmischung unterrühren. Zuletzt die Paranussmischung unterziehen.

Teig in die Form füllen und im Ofen 10 – 15 Min. vorbacken, bis er zu bräunen beginnt. Die Backofentemperatur auf 170° (Umluft) reduzieren und den Kuchen in ca. 20 Min. fertig backen. Herausnehmen und in der Form auf einem Kuchengitter abkühlen lassen. Zum Servieren nach Belieben mit Puderzucker bestäuben und in Stücke schneiden.

Sorglos-Tipp

Macis, auch Muskatblüte genannt, ist der feine, netzartige Mantel der Muskatnuss. Er gilt als eigenständiges Gewürz und hat beim Backen eine lange Tradition. Sein blütenartiger Duft unterstreicht das Muskataroma noch zusätzlich.

BANANEN-SCHOKO-BARS
MIT QUINOA UND KOKOS

Ab nach draußen, mit Joggingschuhen, Radl oder Ski: Immer wenn ich Lust auf Outdoor habe, packe ich diese Bars mit ein. Weil sie so schmecken, wie ich mir Energieriegel wünsche: voller Power, fruchtig und nicht zu süß.

15 g Puff-Quinoa (siehe Tipp)
5 g Puff-Amarant (siehe Tipp)
10 g Puff-Vollkornreis
1 geh. EL Kokosraspel (ca. 15 g)
2 Msp. Zitronensäurepulver
100 g weiße Kuvertüre
50 g reife Banane
Kokosraspel zum Wenden
Öl für die Form

Für 1 Kastenform (ca. 25 cm)
Zubereitung: ca. 25 Min.
Kühlen: ca. 13 Std. 30 Min. (über Nacht)

Am Vortag die Backform mit Öl dünn fetten und mit Frischhaltefolie auslegen. Den Puff-Quinoa, den Puff-Amarant, den Puff-Reis und die Kokosraspel in einer Schüssel mit der Zitronensäure mischen.

Die Kuvertüre grob hacken und in einer Metallschüssel über dem heißen Wasserbad schmelzen. Die Schüssel vom Wasserbad nehmen und die Kuvertüre ca. 2 Min. abkühlen lassen.

Die Banane in grobe Stücke schneiden und durch die Kartoffelpresse in die flüssige Kuvertüre drücken. Dabei soll sich die Banane gut mit der Kuvertüre verbinden. Danach die Trockenmischung unterrühren.

Die Masse in die Form füllen und glatt streichen. Mit Frischhaltefolie abdecken und mind. 1 Std. 30 Min. im Kühlschrank fest werden lassen, dann ist die Masse noch etwas feucht.

Anschließend die Masse mithilfe der Folie aus der Form lösen und in Riegel (ca. 2 ½ × 8 cm groß) schneiden. Die Kokosraspel auf einem flachen Teller verteilen und die Riegel darin rundherum wenden. Im Kühlschrank am besten über Nacht vollständig fest werden lassen.

Tipp

Puff-Quinoa oder Puff-Amarant mache ich oft selbst. Ich gebe das Getreide in eine beschichtete Pfanne ohne Fett, lege den Deckel auf und erhitze es bei niedrigster Stufe. Damit die Körnchen nicht zu dunkel werden, rüttele ich die Pfanne hin und her. Auch prima als Knusper-Extra im Müsli!

MANDELBUSSERL
MIT ORANGE

Die Italiener sagen Baci, die Franzosen Baiser, und wir sagen Busserl zu Keksen, die luftig sind wie ein Hauch und süß wie ein Kuss. Aber egal in welcher Sprache: Die kleinen Naschereien sagen uns eigentlich immer zu!

Für die Masse:
115 g ganze geschälte Mandeln
50 g Marzipanrohmasse
75 g Zucker
2 Eiweiß (Größe M)
abgeriebene Schale von
2 Bio-Orangen
1 EL Kakaopulver (ca. 5 g)
Salz

Außerdem:
150 g gemahlene Mandeln
fürs Blech
Puderzucker zum Bestäuben

Für ca. 20 Stück
Zubereitung: ca. 20 Min.
Backen: ca. 16 Min.

Den Backofen auf 170° (Umluft) vorheizen. Ein Backblech mit Backpapier auslegen. Für die Masse die Mandeln in einer beschichteten Pfanne ohne Fett unter Rühren hell rösten. Abkühlen lassen und in einer Nussmühle oder im Blitzhacker fein mahlen.

Die gemahlenen Mandeln mit Marzipan in kleinen Würfeln, Zucker, Eiweißen, Orangenschale, Kakao und 1 Prise Salz mit den Quirlen des Handrührgeräts gründlich verrühren. Die Masse in einen Spritzbeutel mit großer Lochtülle (ca. 10 mm Ø) füllen.

Das Blech mit einem Teil der gemahlenen Mandeln bestreuen und mit dem Spritzbeutel etwa walnussgroße Häufchen nebeneinander daraufsetzen. Dabei zwischen den Häufchen etwas Abstand lassen.

Die Busserl mit restlichen gemahlenen Mandeln bestreuen und im Ofen 14 – 16 Min. backen. Aus dem Ofen nehmen, mit dem Backpapier vom Blech ziehen und auf einem Kuchengitter abkühlen lassen. Zum Servieren mit Puderzucker bestäuben.

Easy baking

Am liebsten mag ich die Busserl dick mit Puderzucker bestreut. Das ergibt einen tollen Farbkontrast zur dunklen Kakaomasse!

BLAUBEERMUFFINS

MIT MINZLIKÖR

Sommerlicher können Muffins kaum sein: Die Minze sorgt für kühle Frische, die Blaubeeren für den fruchtigen Kontrast und der Kakao für die knackige Bräune. Dazu Sonnenblumenkerne – das nennt man Sonne im Mund!

100 g Sonnenblumenkerne
2 Stiele Minze
200 g Blaubeeren
50 g Zartbitterkuvertüre (mind. 60 % Kakaoanteil)
250 g weiche Butter
250 g Zucker
abgeriebene Schale von ½ Bio-Zitrone
ausgekratztes Mark von 1 Vanilleschote
Salz
6 Eier (Größe M)
125 g Maisstärke
125 g Vollkornreismehl
3 knappe TL Johannisbrotkernmehl (ca. 14 g)
1 leicht geh. TL glutenfreies Backpulver (ca. 6 g)
50 g Kakaopulver
100 ml Pfefferminzlikör (ersatzweise Pfefferminzsirup)
24 Papierförmchen

Für 2 12er-Muffinbleche
Zubereitung: ca. 40 Min.
Backen: ca. 20 Min.

Den Backofen auf 175° (Umluft) vorheizen. Die Mulden der Bleche mit Papierförmchen auslegen. Die Sonnenblumenkerne in einer beschichteten Pfanne ohne Fett unter Rühren hell rösten, herausnehmen und abkühlen lassen. Die Minze waschen und trocken tupfen, Blätter abzupfen und in Streifen schneiden. Die Blaubeeren verlesen, waschen und trocken tupfen. Die Kuvertüre grob hacken.

Die weiche Butter mit Zucker, Zitronenschale, Vanille und 1 TL Salz hellcremig aufschlagen. Die Eier einzeln dazugeben und gründlich unterrühren. Maisstärke, Reismehl, Johannisbrotkernmehl, Backpulver und Kakao in eine Schüssel sieben.

Die Mehlmischung unter die Buttermasse rühren, dabei den Pfefferminzlikör einlaufen lassen und gut verrühren. Dann Sonnenblumenkerne, Pfefferminzstreifen, Blaubeeren und gehackte Kuvertüre unter den Teig ziehen.

Den Teig in die Mulden der Bleche füllen und im Ofen ca. 20 Min. backen. Muffins herausnehmen und kurz abkühlen lassen, dann aus den Mulden lösen und vollständig abkühlen lassen. Nach Belieben in die noch warmen Muffins mit einem Stäbchen kleine Löcher stechen und mit Minzlikör beträufeln.

Einfach clever

Auch herkömmliches Backpulver kann glutenfrei sein, sofern es keine Weizenstärke enthält. Einfach auf der Zutatenliste nachsehen! Oder Sie nehmen gleich glutenfreies Weinsteinbackpulver.

MÖHRENMUFFINS
MIT KARAMELLNEST

Update für den Rüblikuchen: Die Muffins haben eine leicht orientalische Note, sind super saftig und angenehm crunchy. Und erst der Karamell! Zimt macht sie zwar weihnachtlich. Aber ich mag sie auch im Frühlingsommerherbst.

Für die Muffins:
100 g Möhren
25 g geschroteter Leinsamen
60 g gehackte Pekannusskerne
90 g gemahlene Haselnusskerne
5 g Ingwer
2 Eier und 1 Eigelb (Größe M)
70 g weiche Butter
120 g Zucker
ausgekratztes Mark von ¼ Vanilleschote
1 Msp. gemahlener Kardamom
1 Msp. Zimtpulver
Salz

Für die Karamellnester:
100 g Zucker

Außerdem:
12 Papierförmchen
Puderzucker zum Bestäuben (nach Belieben)

Für 1 12er-Muffinblech
Zubereitung: ca. 50 Min.
Backen: ca. 40 Min.

Den Backofen auf 175° (Umluft) vorheizen. Die Mulden des Blechs mit Papierförmchen auslegen. Für die Muffins die Möhren schälen und fein reiben, mit Leinsamen, Pekan- und Haselnüssen mischen. Ingwer fein würfeln. Eier trennen. Butter, 70 g Zucker und Vanille mit den Quirlen des Handrührgeräts schaumig schlagen. Eigelbe gründlich unterrühren. Dann Ingwer, Kardamom und Zimt hinzufügen.

Eiweiße mit übrigem Zucker und 1 Prise Salz steif schlagen. Eischnee auf die Buttermasse setzen, Nuss-Möhren-Mischung darüberstreuen. Alle drei Komponenten mit einem Teigspatel gleichmäßig unterheben. Teig in die Mulden des Blechs füllen und im Ofen 35 – 40 Min. backen. Muffins herausnehmen und kurz abkühlen lassen, dann aus den Mulden lösen und vollständig abkühlen lassen.

Inzwischen für die Karamellnester den Zucker in einem Topf langsam schmelzen, dabei nicht rühren, sondern den Topf nur leicht rütteln. Zwei Gabeln Rücken an Rücken legen und in eine Hand nehmen, in den heißen Karamell tauchen und mit schnellen Bewegungen feine Zuckerfäden auf ein Backpapier »spinnen«. Die Fäden zu kleinen Nestern legen und auf oder um die Muffins setzen. Nach Belieben mit Puderzucker bestäuben.

Tipp

Bei den Karamellnestern achte ich auf dreierlei: Beim Schmelzen soll der Karamell nicht zu dunkel werden, deshalb ziehe ich den Topf rechtzeitig vom Herd. Die Fäden spinne ich so dünn wie möglich, dann sind sie schön biegsam. Und gut aufpassen – geschmolzener Zucker ist wahnsinnig heiß!

ZITRONENCUPCAKES
MIT FRISCHKÄSE-TOPPING

Wenn Zitronen, dann richtig! Deshalb duften diese Cupcakes auch wie ein Zitronenhain an der Amalfiküste. Oder auf Capri. Aber das Urlaubsgefühl stellt sich sogar in der Stadtwohnung ein, vorausgesetzt man heizt sofort den Ofen vor.

Für den Teig:
5 Eier (Größe M)
250 g weiche Butter
250 g Zucker
abgeriebene Schale von 2 Bio-Zitronen
Saft von 1 Zitrone
2 EL Vanillezucker
Salz | 150 g Maisstärke
125 g Vollkornreismehl
1 TL Johannisbrotkernmehl (ca. 5 g)

Für das Topping:
125 g weiche Butter
180 g Puderzucker
Saft und abgeriebene Schale von 2 Bio-Zitronen
500 g zimmerwarmer Frischkäse

Außerdem:
24 Papierförmchen

Für 2 12er-Muffinbleche
Zubereitung: ca. 40 Min.
Backen: ca. 20 Min.

Den Backofen auf 170° (Umluft) vorheizen. Die Mulden der Bleche mit Papierförmchen auslegen.

Die Eier trennen. Die Eigelbe mit der weichen Butter, 150 g Zucker, Zitronenschale und -saft, Vanillezucker und knapp 1 TL Salz (ca. 4 g) mit den Quirlen des Handrührgeräts hellcremig aufschlagen.

Eiweiße mit dem übrigen Zucker cremig, aber nicht steif schlagen und auf die Buttermasse setzen. Maisstärke, Reismehl und Johannisbrotkernmehl mischen und darübersieben. Alle drei Komponenten mit einem Teigspatel vorsichtig unterheben.

Den Teig in die Mulden der Bleche füllen und im Ofen ca. 20 Min. backen. Die Muffins herausnehmen und kurz abkühlen lassen, dann aus den Mulden lösen und vollständig abkühlen lassen.

Für das Topping die weiche Butter mit Puderzucker, Zitronensaft und -schale glatt rühren. Den Frischkäse nach und nach einrühren. Die Creme in einen Spritzbeutel mit Sterntülle (ca. 10 mm Ø) füllen und dekorativ auf die Cupcakes spritzen.

Sorglos-Tipp

Für einen Blechkuchen buttere ich ein Blech (30 × 40 cm), streue es mit Reismehl aus, gebe den Teig darauf und backe ihn bei 170° (Umluft) 40 – 45 Min. Nach dem Abkühlen mit einem Guss aus 150 g Puderzucker und 4 – 5 EL Zitronensaft glasieren.

TORTENFEST

Ziemlich beste Freunde: Glutenfrei und Feiern – das geht ganz prima zusammen! Weil für den Wow-Auftritt das Drumherum entscheidend ist: samtige Mousse, seidige Creme und zartglänzende Kuvertüre – Tortencouture vom Feinsten!

KLEINE MANDELTORTE
MIT MARILLENKONFITÜRE

Marillen, wie man die Aprikosen in Bayern und Österreich nennt, sind die sonnigen Verwandten der Mandeln. Deshalb können die beiden auch so gut miteinander – und treffen sich so gerne zum süßen Flirt.

Für den Teig:
3 Eier (Größe M)
75 g weiche Butter
75 g Puderzucker
2 EL Zucker (ca. 20 g)
Salz
50 g Kartoffelmehl
50 g gemahlene geschälte Mandeln (Mandelmehl)

Außerdem:
150 g Aprikosenkonfitüre (am besten echte Marillenkonfitüre)
200 g Zartbitterkuvertüre (mind. 60 % Kakaoanteil)
20 ml neutrales Speiseöl oder Haselnussöl
Butter und Mandelmehl für die Form

Für 1 Springform (ca. 20 cm Ø)
Zubereitung: ca. 40 Min.
Backen: ca. 35 Min.

Den Backofen auf 170° (Umluft) vorheizen. Die Form mit Butter fetten und mit Mandelmehl ausstreuen. Für den Teig die Eier trennen. Die weiche Butter mit Puderzucker und Eigelben mit den Quirlen des Handrührgeräts schaumig aufschlagen.

Die Eiweiße mit dem Zucker und 1 Prise Salz steif schlagen und auf die Buttermasse setzen. Kartoffelmehl und Mandeln sieben und auf den Eischnee geben. Alle drei Komponenten mit einem Teigspatel vorsichtig unterheben. Den Teig in die Form füllen und im Ofen 30 – 35 Min. backen. Den Kuchen herausnehmen und kurz abkühlen lassen, dann aus der Form lösen und auf einem Kuchengitter vollständig abkühlen lassen.

Den abgekühlten Mandelkuchen zweimal waagerecht durchschneiden. Den untersten Boden auf eine Kuchenplatte setzen und mit 75 g Aprikosenkonfitüre bestreichen. Den mittleren Boden daraufsetzen und mit der übrigen Konfitüre bestreichen. Dann den dritten Boden oben auflegen.

Inzwischen die Kuvertüre grob hacken und in einer Metallschüssel über dem heißen Wasserbad schmelzen. Das Öl gleichmäßig und schlierenfrei in die Kuvertüre rühren. Die Mandeltorte damit rundherum überziehen und in mind. 2 Std. fest werden lassen. Zum Servieren in Stücke schneiden.

Tipp

Mit 30 g Kakaopulver im Teig wird aus der Mandeltorte im Handumdrehen eine Sachertorte – für das echte Wiener-Walzer-Feeling. Einfach mit dem Kartoffelmehl und den Mandeln sieben und auf den Eischnee geben. Füllung und Schokoguss bleiben gleich. Jetzt noch eine Melange dazu …

MARMORTORTE

MIT KARDAMOM-SCHOKO-MOUSSE

Klassischer Marmorkuchen war gestern. Ich bin mehr für den New Look: weiche Rundungen, innere Werte, ein Touch orientalisches Flair und sonniges Orange. Das Trendbarometer? Zeigt eindeutig auf Must-have!

Für den Kuchen
125 g weiche Butter
125 g Rohrzucker
abgeriebene Schale von 1 Bio-Orange
ausgekratztes Mark von ¼ Vanilleschote | Salz
2 Eier und 1 Eigelb (Größe M)
40 g Kokosmehl
60 g Maismehl
50 g Vollkornreismehl
je ½ TL Johannisbrotkernmehl und glutenfreies Backpulver (je ca. 2 ½ g)
40 ml lauwarmer Orangensaft
3 EL Kakaopulver (ca. 15 g)
1 ½ EL Sonnenblumen- oder Traubenkernöl
Butter und Maismehl für die Form

Für die Schokomousse
3 – 5 Kardamomkapseln
40 ml heißer Espresso
120 g Zartbitterkuvertüre (max. 70 % Kakaoanteil)
3 Eier (Größe M)
25 g Puderzucker
120 g Sahne | 20 g Zucker

Für 1 Springform (ca. 20 cm Ø)
Zubereitung: ca. 1 Std. 10 Min.
Backen: ca. 50 Min.
Kühlen: über Nacht

Am Vortag den Backofen auf 200° (Ober- und Unterhitze) vorheizen. Die Form mit Butter fetten und mit Maismehl ausstreuen. Für den Kuchen die weiche Butter mit Zucker, Orangenschale, Vanille und 1 Prise Salz mit den Quirlen der Küchenmaschine oder des Handrührgeräts schaumig aufschlagen. Die Eier und das Eigelb einzeln dazugeben und jeweils gründlich unterrühren.

Die drei Mehlsorten mit dem Johannisbrotkernmehl und dem Backpulver in eine Schüssel sieben und unter die Buttermasse rühren. Gleichzeitig den lauwarmen Orangensaft unterrühren, damit die Masse etwas weicher und flaumiger wird.

Für den dunklen Rührteig das Kakaopulver mit Öl und 2 EL Wasser glatt rühren und unter ein Drittel des hellen Rührteigs ziehen. Den hellen und den dunklen Teig abwechselnd löffelweise in die Form füllen. Eine Gabel in spiralförmigen Bewegungen durch alle Teigschichten ziehen, um ein Marmormuster zu erhalten.

Den Kuchen im Ofen (Mitte) ca. 10 Min. vorbacken. Dann die Backofentemperatur auf 160° reduzieren und den Kuchen in ca. 40 Min. fertig backen. Aus dem Ofen nehmen und kurz abkühlen lassen, dann aus der Form lösen und auf einem Kuchengitter vollständig abkühlen lassen.

Währenddessen für die Schokomousse die Kardamomkapseln im Mörser grob zerstoßen (je stärker sie zerdrückt sind, umso intensiver das Aroma). Mit dem heißen Espresso übergießen und darin bis zur weiteren Verwendung ziehen lassen, danach abseihen.

Die Kuvertüre grob hacken und in einer Metallschüssel über dem heißen Wasserbad schmelzen. Anschließend die Schüssel vom Herd nehmen und die Kuvertüre mind. 15 Min. abkühlen lassen.

weiter geht's

Easy baking

Noch schokoladiger wird die Torte durch ein Topping aus knusprigen Kuvertüresplittern. Dafür hacke ich Zartbitterkuvertüre mit einem Messer in feinere und gröbere Stücke und streue sie am Ende locker über die Schokomousse.

Inzwischen die Eier trennen, die Eigelbe mit dem Puderzucker und dem abgeseihten Espresso mit den Quirlen des Handrührgeräts oder mit einem Schneebesen aufschlagen. Die Sahne steif schlagen.

Die Eiweiße mit dem Zucker halbsteif schlagen. Die Eigelbmasse mit der abgekühlten Kuvertüre zügig verrühren. Zuerst 2 – 3 EL Sahne mit dem Schneebesen unterrühren, dann die übrige Sahne und den Eischnee mit einem Teigspatel unterheben.

Den abgekühlten Kuchen zweimal waagerecht durchschneiden (alternativ dreimal durchschneiden, dann unten jeweils mit einem Viertel der Mousse bestreichen). Den untersten Boden auf eine Kuchenplatte setzen und mit einem Drittel der Mousse bestreichen.

Den mittleren Boden daraufsetzen und mit einem weiteren Drittel der Mousse bestreichen. Dann den letzten Boden oben aufsetzen und mit der übrigen Mousse locker überziehen. Die Torte im Kühlschrank über Nacht fest werden lassen und zum Servieren in Stücke schneiden.

WALNUSSTORTE
MIT SAHNE UND EIERLIKÖR

Als Kind ging ich oft zu einer Almhütte, in der die Wirtin so eine Walnusstorte servierte. Meine, finde ich, ist aber noch besser: saftiger und nicht so süß. Und dabei immer noch so leicht, dass man danach noch Berge versetzen könnte!

130 g Walnusskerne
30 g Zartbitterkuvertüre (mind. 60 % Kakaoanteil)
100 g gemahlene geschälte Mandeln (Mandelmehl)
50 g Kartoffelmehl
50 g Maisstärke
1 Pck. Natron (5 g)
250 g weiche Butter
250 g Zucker
3 ½ EL Vanillezucker
4 Eier (Größe M)
1 Msp. abgeriebene Schale von 1 Bio-Zitrone
3 EL Zitronensaft
2 cl Rum
2 Msp. Zimtpulver
30 g Kakaopulver
300 g Sahne
150 g Eierlikör
Butter und Mandelmehl für die Form

Für 1 Springform (20 – 24 cm Ø)
Zubereitung: ca. 40 Min.
Backen: ca. 45 Min.

Den Backofen auf 170° (Umluft) vorheizen. Form mit Butter fetten und mit Mandelmehl ausstreuen. 30 g Walnüsse und die Kuvertüre grob hacken. Übrige Walnüsse in einer Nussmühle oder im Blitzhacker fein mahlen, dann mit Mandel- und Kartoffelmehl, Maisstärke und Natron mischen. Gehackte Kuvertüre und gehackte Walnüsse dazugeben.

Die weiche Butter mit dem Zucker und ½ EL Vanillezucker mit den Quirlen des Handrührgeräts schaumig aufschlagen. Eier einzeln dazugeben und gründlich unterrühren. Zitronenschale und -saft, Rum, Zimt und Kakao untermischen. Die Mandel-Kuvertüre-Mischung dazugeben und alles kurz auf höchster Stufe verrühren. Die Masse in die Form füllen und im Ofen ca. 45 Min. backen. Den Kuchen herausnehmen und kurz abkühlen lassen, dann aus der Form lösen, abkühlen lassen und kühl stellen.

Inzwischen die Sahne mit übrigem Vanillezucker steif schlagen und den abgekühlten Kuchen damit toppen. Den Eierlikör dekorativ darüberträufeln und den Kuchen zum Servieren in Stücke schneiden. Der Walnusskuchen kann bereits 1 – 2 Tage im Voraus gebacken werden. Das Topping erst zum Servieren zubereiten und frisch auftragen.

Easy baking

Dick oder dünn? Ich mag es, wenn die Torten klein und hoch sind. Wenn Sie eine breitere Form nehmen, wird die Torte flacher.

GESCHENK IM GLAS

MANDELWÜRFEL MIT CRANBERRYS

Don't worry, be happy: Immer wenn ich einen lieben Menschen glücklich machen möchte, verschenke ich diese Brownie-Mischung als Rundum-Sorglos-Paket. Einfach öffnen, rühren, backen – schon weht das Glück durchs Haus!

150 g gemahlene geschälte Mandeln (Mandelmehl)
Salz
50 g gehackte Mandeln
30 g getrocknete Cranberrys
50 g Vollkornreismehl
1 TL gemahlene Flohsamenschalen (ca. 4 g)
½ TL glutenfreies Backpulver
30 g Kakaopulver
1 Msp. Zimtpulver
250 g Zartbitterkuvertüre (mind. 60 % Kakaoanteil)

Für 1 Glas (ca. 750 ml Inhalt)
Zubereitung: ca. 30 Min.
Backen: ca. 30 Min.
Haltbarkeit: ca. 2 Monate an einem dunklen, kühlen Ort

Nach und nach alle Zutaten (bis auf die Kuvertüre!) einschichten. Dabei mit den Farben abwechseln, sodass ein schönes Muster entsteht. Das Glas immer wieder auf den Tisch stoßen, damit die einzelnen Schichten dicht gepackt sind. Zuletzt die Kuvertüre einfüllen. Dazu die Backmischung mit einem passend zugeschnittenen Stück Backpapier abdecken, Kuvertüre grob hacken und darauflegen. Das Glas soll möglichst randvoll gefüllt werden, damit das Muster beim Transport erhalten bleibt. Das Glas verschließen und an einem dunklen Ort kühl aufbewahren.

Eine Karte mit der Backanleitung anhängen:

»Mein glutenfreier Happy-baking-Kuchen für Dich! Folgende Zutaten bitte noch dazugeben: 250 g zerlassene Butter, 2 Eier (Größe M), 100 g Zucker. So geht's: Den Backofen auf 160° (Umluft) vorheizen. Eine quadratische Backform (ca. 20 × 20 cm) mit Backpapier auslegen. Kuvertürestücke abnehmen und schmelzen. Die Eier mit dem Zucker über dem heißen Wasserbad 2–3 Min. schlagen, in die Küchenmaschine umfüllen und kalt schlagen. Mischung aus dem Glas in eine Schüssel geben. Eierschaummasse, zerlassene Butter und Kuvertüre hinzufügen und alles verrühren. Den Teig in die Form füllen und im Ofen 25–30 Min. backen. Herausnehmen, in der Form abkühlen lassen und in Würfel schneiden.«

MEIN
GLUTENFREIER
HAPPY-BAKING-KUCHEN
FÜR DICH!

REZEPTREGISTER

A
Äpfel
- Apfelsandkuchen mit Schokosplittern 76
- Knuspertaler für jeden Tag 96
- Nuss-Nougat-Kuchen mit Kakao und Äpfeln 84

Aprikosen
- Aprikosenkuchen mit Cashewmus 70
- Aprikosentarte mit Quark-Öl-Teig 80

B
Bananen-Schoko-Bars mit Quinoa und Kokos 104
Bester Mandelkuchen mit Orangenaroma 64
Biskuitmasse: Grundrezept glutenfreie Biskuitmasse 22

Blaubeeren
- Blaubeermuffins mit Minzlikör 108
- Blaubeertarte mit Ricotta und Zimt 74

Blondies: Muskat-Blondies mit Paranüssen 102
Brötchen: Sonntagsbrötchen mit Quark und Milchreis 42
Brownies mit Mandelstückchen 100
Buttermilchbrot mit Roter Bete und Ziegenkäse 38

C
Canihua: Sauerteigbrot mit Teff und Canihua 44
Cashew
- Aprikosenkuchen mit Cashewmus 70
- Schokokuchen mit Bananen und Nüssen 54

Choc Chip Cookies mit Haselnüssen 98
Cupcakes: Zitronencupcakes mit Frischkäse-Topping 112
Curry: Hirse-Amarant-Brot mit Madras-Curry 36

E/F
Eistorte: Maracuja-Eistorte mit Kastanienmehl 88
Feigen: Schokogugelhupf mit getrockneten Feigen 56
Feiner Rührkuchen mit weißem Rum 52
Franzis Glücksknöpfe mit Chiasamen 92
Frischkäse: Zitronencupcakes mit Frischkäse-Topping 112

G
Geschenk im Glas 124
Glücksknöpfe: Franzis Glücksknöpfe mit Chiasamen 92

H
Hefeteig: Grundrezept glutenfreier Hefeteig 20
Himbeerkuchen mit Hefeteig 68
Hirse-Amarant-Brot mit Madras-Curry 36

K
Kakaokuchen mit exotischen Früchten 62
Karamell: Möhrenmuffins mit Karamellnest 110
Kartoffelbrot mit Parmesan 32
Käsekuchen: Maulwurfkäsekuchen mit Quinoa-Streuseln 60
Kastanien: Maracuja-Eistorte mit Kastanienmehl 88

Kleine Mandeltorte mit Marillen-
konfitüre 116
Knuspertaler für jeden Tag 96
Kokos-Kakao-Cookies mit weißer
Schokolade 94
Kürbisbrot mit Orange und Buchweizen 42
Kürbiskernbrot mit Kümmel und
Koriander 28

M

Macadamia-Flans in der Tasse gebacken 58
Mandelbusserl mit Orange 106
Mandelkuchen, bester, mit Orangenaroma 64
Mandeltorte, kleine, mit Marillen-
konfitüre 116
Mandelwürfel mit Cranberrys (Geschenk
im Glas) 124
Maracuja-Eistorte mit Kastanienmehl 88
Margeritenkuchen aus Kartoffelteig 48
Marmortorte mit Kardamom-Schoko-
Mousse 118
Maulwurfkäsekuchen mit Quinoa-
Streuseln 60
Mehrkornstangerl mit Körner-Topping 30
Milchreis: Sonntagsbrötchen mit Quark und
Milchreis 40
Möhrenmuffins mit Karamellnest 110
Muffins
- Blaubeermuffins mit Minzlikör 108
- Möhrenmuffins mit Karamellnest 110
- Zitronencupcakes mit Frischkäse-Topping 112
Mürbeteig: Grundrezept glutenfreier
Mürbeteig 16
Muskat-Blondies mit Paranüssen 102

N/O

Nuss-Nougat-Kuchen mit Kakao und Äpfeln 84
Obstkuchen mit essbaren Blüten 86

P

Paranüsse: Muskat-Blondies mit Paranüssen 102
Petersilienwurzelbrot mit Kräuteröl 26
Polenta-Kuchen mit Rhabarber 78

Q

Quark-Öl-Teig: Aprikosentarte mit
Quark-Öl-Teig 80
Quinoa
- Bananen-Schoko-Bars mit Quinoa und
Kokos 104
- Maulwurfkäsekuchen mit Quinoa-
Streuseln 60
- Sauerteigbrot mit Teff und Canihua 44

R

Rhabarber: Polenta-Kuchen mit
Rhabarber 78
Ricotta: Blaubeertarte mit Ricotta und
Zimt 74
Rote Bete: Buttermilchbrot mit Roter Bete
und Ziegenkäse 38
Rührkuchen: Feiner Rührkuchen mit
weißem Rum 52
Rührteig: Grundrezept glutenfreier
Rührteig 18

S

Sandkuchen: Apfelsandkuchen mit
Schokosplittern 76
Sauerkirschküchlein mit Nüssen aus dem
Piemont 72
Sauerteigbrot mit Teff und Canihua 44
Schokogugelhupf mit getrockneten
Feigen 56
Schokokuchen mit Bananen und Nüssen 54
Schokoladenkuchen ganz klassisch 50
Sonntagsbrötchen mit Quark und
Milchreis 40

T/W

Teff: Sauerteigbrot mit Teff und Canihua 44
Walnusstorte mit Sahne und Eierlikör 122

Z

Zitronencupcakes mit Frischkäse-
Topping 112
Zwiebelbrot mit Buchweizenmehl 34

Konzept und Projektleitung: Kathrin Ullerich
Lektorat: Kathrin Gritschneder
Redaktionelle Mitarbeit: Katja Mutschelknaus
Korrektorat: Waltraud Schmidt
Innen- und Umschlaggestaltung: independent Medien-Design, Horst Moser, München
Herstellung: Renate Hutt
Repro: medienprinzen GmbH, München
Druck und Bindung: Firmengruppe APPL, aprinta druck, Wemding
Printed in Germany
Syndikation: www.jalag-syndication.de
Bildnachweis: Titelfoto: Kwestia Smaku; alle anderen: Anke Schütz
Titelrezept: Himbeerkuchen mit Hefeteig (siehe S. 68)

ISBN 978-3-8338-4472-0
1. Auflage 2015

Umwelthinweis: Dieses Buch ist auf PEFC-zertifiziertem Papier aus nachhaltiger Waldwirtschaft gedruckt.

Die Autorin
Franziska Schweiger ist gelernte Konditorin und Patissière und hat die Leidenschaft fürs Backen von ihrer Oma geerbt. Auch in ihrem Restaurant Schweiger² in München wacht sie über die süßen Köstlichkeiten. Bei GRÄFE UND UNZER veröffentlichte Franziska Schweiger bereits ein Buch über Weihnachtsbäckerei.

Die Fotografin
Anke Schütz arbeitet für namhafte Verlage und Zeitschriften in den Bereichen Food und Lifestyle. In ihrem Studio in Buxtehude setzt sie Kulinarisches mit viel Liebe zum Detail in Szene. Bei diesem Buch wurde sie von Diane Dittmer (Foodstyling) und Krisztina Zombori (Styling) unterstützt.

Danksagung der Autorin
DANKE Mama, dass ich deine Küche lange in ein Chaos verwandeln durfte. Mama und Oma, danke für eure Motivation, die Kaffeepausen und die Verkostungen miteinander! Danke an Kathrin und Kathrin, ihr seid einfach klasse und es macht Laune auf ein weiteres Buch! Seppi, danke für deine Geduld und guten Nerven, für das Mitwirken am Buch, das Aufessen in der Küche, die Besorgungsfahrten um fünf vor acht … danke für deine Liebe!

GRÄFE UND UNZER Verlag
Leserservice
Postfach 86 03 13
81630 München
E-Mail:
leserservice@graefe-und-unzer.de

Telefon: 00800 / 72 37 33 33*
Telefax: 00800 / 50 12 05 44*
Mo–Do: 8.00–18.00 Uhr
Fr: 8.00–16.00 Uhr
(gebührenfrei in D, A, CH)*

Ihr GRÄFE UND UNZER Verlag
Der erste Ratgeberverlag – seit 1722.

Backofenhinweis:
Die Backzeiten können je nach Herd variieren. Die Temperaturangaben können bei Gasherden oder Backen mit Umluft oder Ober- und Unterhitze abweichen. Details entnehmen Sie bitte Ihrer Gebrauchsanweisung.

GRÄFE UND UNZER
Ein Unternehmen der
GANSKE VERLAGSGRUPPE

www.facebook.com/gu.verlag